Ökotrauer

W0230925

Irmgard Häussermann

Ökotrauer

Ermutigung zur Spurensuche

Liebe Leserin, lieber Leser,

Sie halten ein Produkt in den Händen, für das wir sehr genau abwägen mussten, was wir der Umwelt für seine Herstellung zumuten. Die Umweltsiegel der verwendeten Papiere sollten nicht darüber hinwegtauschen, dass es Wasser, Energie, Farbe, Klebstoffe, Chemikalien, Holz und Treibstoff braucht, bis ein Buch bei Ihnen ankommt. Um so schonend wie möglich zu arbeiten, haben wir auf lange Transportwege und auf den Einsatz von sichtbaren und unsichtbaren Folien und Lacken verzichtet, wo wir es konnten. Wir nehmen damit in Kauf, dass einige Exemplare nicht ganz makellos aussehen. Doch das betrifft sicher nicht den Inhalt.

Es ist uns ein Anliegen, dass Sie nach der Lektüre dieses Buches über seinen weiteren Lebenszyklus nachdenken. Wir freuen uns über Ihre Ideen, in welchen Formen dieses Buch weiterleben kann.

1. Auflage 2017
© Irmgard Häussermann/Eire Verlag,
Ringstr. 5, 33178 Borchen

Realisation: Dr. Mareike Menne, Borchen
Covergestaltung: Karen Kliewe, Beckum,
www.werbemenue.de
Druck: Frick Kreativbüro & Onlinedruckerei e.K., Krumbach
Papier Innen: Munken Pure, Umschlag: Recyclingkarton

Gesetzt aus der Stempel Garamond und der Optima Nova

ISBN 978-3-943380-55-2
www.eire-verlag.de

Inhalt

Raupenwege – Einladung zum Start 11

Einleitung 13

Ökotrauer – was ist das? 17

Gesellschaftliche Zusammenhänge 23

Wunden der Erde – Verlust und Gefahr
Kaleidoskop der Schrecken 29

Runterschlucken – ablenken!
Folgen vermiedenen Trauerausdrucks 43

Warum?
Das große Schweigen angesichts der
kontinuierlichen Zerstörungen –
Ursachenforschung 49

Neue Wege gehen – Wege neu gehen lernen
Ermutigung zur Spurensuche 61

Trauerarbeit und Wandlung –
ins Handeln kommen 87

Neue Lebendigkeit finden 103

Rückblick – Ausblick 107

Die Menschenraupe 109

Literatur 111

Abbildungen 116

Lausche, mein Herz,
auf das Flüstern der Welt,
womit sie um deine Liebe wirbt.
Öffne deine Türen und
erkenne die Musik des Glücks,
das in allen Dingen schwingt.

TAGORE

Danke

Danke all denen, die ausdauernd an dieses Buch geglaubt haben und seine Geburt für möglich hielten. Hier ist es!

Danke an Frau Dr. Mareike Menne, die die Besonderheit des Themas „Ökotrauer" erkannte, es annahm und sich mit fachlicher Kompetenz und dem Blick der Leserin für Verständlichkeit und Lesefreundlichkeit engagierte.

Danke schließlich meinen längst toten Eltern. Sie sorgten dafür, dass Natur, weitgehend heile, gesunde Natur mein Leben von Geburt an begleitete, mir Lebenselixier, Selbstverständlichkeit, Glück und Freude war. Danke für dieses ganze Paket der frühen Jahre.

Raupenwege – Einladung zum Start

Die Bärenraupe

Keine Chance. Sechs Meter Asphalt.
Zwanzig Autos in einer Minute.
Fünf Laster. Ein Schlepper. Ein Pferdefuhrwerk.

Die Bärenraupe weiß nichts von Autos.
Sie weiß nicht, wie breit der Asphalt ist.
Weiß nichts von Fußgängern, Radfahrern, Mopeds.

Die Bärenraupe weiß nur, dass jenseits
Grün wächst. Herrliches Grün, vermutlich fressbar.
Sie hat Lust auf Grün. Man müsste hinüber.

Keine Chance. Sechs Meter Asphalt.
Sie geht los. Geht los auf Stummelfüßen.
Zwanzig Autos in der Minute.

Geht los ohne Hast. Ohne Furcht. Ohne Taktik.
Fünf Laster. Ein Schlepper. Ein Pferdefuhrwerk.
Geht los und geht und geht und geht und kommt an.

Rudolf Otto Wiemer[1]

---

[1] Rudolf Otto Wiemer: Chance der Bärenraupe. Ausgewählte Gedichte, Freiburg im Breisgau 1990.

Von der **Bärenraupe** hole ich mir Mut. Sehen, fühlen und tun – davon erzählt mir ihre Geschichte. Eine Geschichte vom Wünschen auf der Basis von Wissen, was mir gut tut. Eine Geschichte vom Anfangen, vom Tun, was zu tun ist, um dem inneren Wissen zu folgen. Eine Geschichte vom Losgehen und Ankommen. Eine Geschichte von der Bärenraupe.

Die Geschichte von der **Menschenraupe** ist eine Geschichte vom Menschen, der sehr wohl um die Gefahren des Weges weiß, um die Möglichkeit des Scheiterns, der Vergeblichkeit, gar Angst. Und der auch weiß, dass zu jedem Mut für eine Tat auch die Überwindung der Angst und all ihrer bremsenden Begleiter gehört.

Und so schafft es auch die Menschenraupe, loszugehen.

Sie sind eingeladen, ihrem Weg zu folgen.

Einleitung

Klimawandel, Gifte in der Nahrung, in Tieren und Pflanzen, in Erde, Wasser und Luft, aussterbende Arten – Wunden der Erde.

Täglich ist davon zu hören und zu lesen. Ein Dauerthema der Politik, national und international. Immer neue Pläne, Vorsätze, Ziele werden ausgehandelt, verkündet und verschwinden, verlieren in Aktualitäten wieder an Brisanz oder haben sich anderen – oft ökonomischen – Interessen unterzuordnen.

Wir alle können darum wissen und sind betroffen von den zunehmenden Gefährdungen und Schäden der Erde. Und doch: Reagieren wir – und wenn ja, wie? Das pauschale „Wir" weiß natürlich um individuelle Aktivitäten und Organisationen, die sich um Ökologie, um einen heilsamen, lebensfördernden Umgang mit Natur und Erde einsetzen – um diese Erde, ohne die wir Menschen nicht lebensfähig sind.

Als Trauerbegleiterin liegt mir besonders die Frage nach unseren emotionalen Reaktionen auf diese Vielfalt von Zerstörungen am Herzen. Zerstörungen, die ich auch als „Wunden der Erde" bezeichne. Meine Hoffnung gilt hier der Kraft unserer Verlust- und Wandlungsenergie, der Trauer.

Speziell geht es bei dieser Thematik um Ökotrauer, ein auch im Trauerbereich weitgehend unbekannter Begriff, der zu klären ist.

Anhänglich begleitet mich dieses Wort „Ökotrauer", seit ich es vor vielen Jahren in meiner Ausbildung zur Trauerbegleiterin von Jorgos Canacakis hörte und darüber las. Es verfolgt, ja fesselt mich immer wieder und immer noch, lässt mich nicht los. Oft und oft erzählte ich davon in Seminaren, schrieb darüber – es ging nicht weg, rückte jedoch immer wieder in den Hintergrund. Kaum jemand kannte diesen Begriff. Die wiederkehrende Frage: „Ökotrauer, was ist denn das? Worum geht es?"

Ökotrauer meint die Trauer um Zerstörungen der Natur, um die Wunden der Erde; um unser Wissen, um Wünsche und mögliche Chancen veränderten und verändernden Tuns.

Ich mache mich auf die Suche nach dieser speziellen Form von Trauer, ihrem Leben im Geheimen und der Wurzel ihres ungeliebt Seins. Lebt sie überhaupt? Spurensuche. Damit suche ich auch, meiner jahrelangen Treue und gleichzeitigen Unentschlossenheit auf die Spur zu kommen. So viele Pläne – geboren und versunken.

Ökotrauer – warum gerade ich? Warum ist sie gerade mir ein Herzensthema? Natur, weitgehend heile und gesunde Natur prägte mein Leben von Anfang an, kann mir Kraftquelle und Zuflucht sein. Zu dieser Begründung gesellt sich eine zweite: Ich bin auch ein politisch interessierter Mensch. Habe beobachtet, agiert, mich eingemischt und Aktivitäten wieder aufgegeben. Das Interesse blieb – wie auch das Interesse an Ökotrauer und ihrem Leben im Geheimen.

Radio und TV-Beiträge, Bücher und unzählige Zeitungsartikel halfen mir, mehr und mehr zu verstehen, was Ökotrauer mit Politik, Macht, unserem Wirtschaftssystem, mit Not und Elend von Millionen Menschen, ganzer Landstriche unseres Ökosystems zu tun hat. Ich habe verstanden, warum Ökotrauer mir so wichtig ist, ich ihr Hoffnungspotential verbreiten will.

Nach all den Jahren fügen sich Splitter und lassen mich erkennen, dass dieses Umwelt-Thema nicht nur mir am Herzen liegt, sondern es auch als ein zunehmend beachtetes Thema in der individuellen und öffentlichen Wahrnehmung steht, ein wachsendes Thema ist. „Laudato si" – zum Erstaunen vieler hat sogar Papst Franziskus sich mit deutlichen Aussagen der Thematik angenommen.[1]

Ich schreibe dieses Buch, weil – wie dargestellt – dieses Thema mich nicht in Ruhe lässt und weil ich auch Trauerbegleiterin bin. Als solche weiß ich mit Kopf, Herz, meiner ganzen Person und Lebenserfahrung um die **Wandlungskraft von Trauer**. Dieser Verlust- und Wandlungsenergie vertraue ich,

---

[1] Papst Franziskus: Laudato si. Die Umwelt-Enzyklika des Papstes, Freiburg im Breisgau 2015.

will das Schattendasein dieser speziellen Form von Trauer beleuchten und meinen mir möglichen Teil dazu beitragen, dass wir nicht nur wissen, sondern auch mehr und mehr fühlen können, dass diese Welt unseres Engagements bedarf und es wert ist.

Ökotrauer – ich mache mich auf die Suche nach dieser großen Unbekannten, nach den Gründen ihrer Unsichtbarkeit, gehe auf Spurensuche.

Ermutigung zur Spurensuche!
Ich möchte Sie hier auch zur individuellen Spurensuche ermutigen. Der Suche nach eigenen Spuren, Erfahrungen, Einstellungen zu Ökotrauer und eventuellen Bremsen, neue Wege zu gehen und sich handelnd einzumischen.

Noch ein Buch über Trauer? Ja, über Ökotrauer. Das gibt es noch nicht und seine Zeit ist gekommen.

Ökotrauer – was ist das?

Ökotrauer als Wort und Thema ist neu. Der erste, der meines Wissens diesen Begriff verwendete, vielleicht sogar prägte und wie folgt beschrieb, ist der Psychologe und Trauerbegleiter Jorgos Canacakis:

„Abschied von gesunder Natur

Zum Schluss [einer Aufzählung verschiedener Trauerarten (I.H.)] möchte ich die tiefe, aber unausgesprochene Trauer erwähnen, die viele Menschen in unserer heutigen Zeit überkommt, wenn ihnen der Verlust unserer Wälder, der profitorientierte Mord an unseren Gewässern und andere Vernichtungsstrategien gegen unsere natürliche Umwelt bewusst werden. Die Tatenlosigkeit, die wir überall dort beobachten können, wo wir ohne viel Protest die kontinuierliche Zerstörung unserer Natur hinnehmen, ist das Zeichen unserer Unfähigkeit, mit diesem Gefühl angemessen umgehen zu können und es auszudrücken. Niemand hat den Mut, unseren toten Wald öffentlich zu betrauern, niemand vergießt eine Träne für unsere kaputten Flüsse und sterbenden Landschaften.

Ich bin davon überzeugt, dass sich an diesem Umwelt-Holocaust nichts ändern wird, solange wir diese Trauer nicht zulassen und zum Ausdruck bringen. Wir haben gesehen, dass sie auch Protest, Wut, Zorn und Schuldgefühle beinhaltet. Die

Energie, die darin steckt, könnte zur Veränderung unserer lebensbedrohlichen Situation beitragen."[1]

Ökotrauer ist mit dem Leben verbunden. Sie thematisiert Trauer über gefährdetes, zerstörtes Leben oder Lebensgrundlagen. Canacakis beobachtete in seiner therapeutischen Praxis die Trauer von Menschen um die Zerstörung von Natur und Umwelt. Seine Beschreibung des Phänomens ist untrennbar mit Wirtschaftskritik verbunden. So ist es ein Anliegen des vorliegenden Buches, bei thematisch Betroffenen – und wer gehört wohl nicht dazu? – und Begleitenden das Bedürfnis zu wecken, sich mit Ökotrauer zu befassen, um Mut und Energie zum Handeln zu finden. Wenn wir uns dem der Trauer eigenen Gefühlschaos stellen, diese Gefühle zum Ausdruck bringen und von ihren Energien profitieren, können wir aus der von Canacakis beschriebenen Tatenlosigkeit herausfinden.

Dieses Anliegen ist häufig nicht attraktiv. Neben Desinteresse und Zweifel an Notwendigkeit und Sinn dieser Thematik geschieht es auch, dass in mehrfacher Weise Ablehnung zu finden ist – einerseits, weil Menschen sich nicht in die Ökoecke stel-

---

[1] Jorgos Canacakis: Ich begleite dich durch deine Trauer, Stuttgart/Freiburg im Breisgau 1993, S. 39.

len lassen wollen – Ökotrauer ist eben auch ein politisches Thema, zu dem Menschen vielleicht ungern Stellung beziehen – und andererseits, weil Trauer sowieso ein schwierig besetztes Thema ist.

Ökotrauer hat auch etwas mit unseren tiefen inneren Bedürfnissen zu tun – vielleicht mit ganz ursprünglichen Bedürfnissen nach einer heilen Welt? Eine interessante Frage angesichts der kaum übersehbaren Zahl von Publikationen rings um das Thema „schöne Natur".

Wir schaffen es vielleicht dann und wann, unser Denken, Fühlen und Tun als Folge der Erfahrung von Ökotrauer zu ändern. Dies betrifft häufig Konsum und Mobilität, Kernthemen unserer modernen Identität und Lebensweise. Sie können sich wohl unschwer vorstellen, liebe Leserin, lieber Leser, dass sich hier zu dem eigenen inneren „Schweinehund" von Bequemlichkeit und Gewohnheit weitere „Spieler" gesellen, die ihre Interessen gefährdet sehen: PolitikerInnen, Funktionäre, UnternehmerInnen. So fordert Ökotrauer uns auch auf, Kontakte und Auseinandersetzungen nicht zu scheuen. Die Gültigkeit von Glaubenssätzen dessen, was eben so sei und zunehmend Menschen leiden lässt, kann uns fraglich werden mit dem Ziel, handlungsfähig zu sein zum Wohle einer Umwelt, einer Mitwelt, die uns weiter tragen kann. Es geht um unser Leben im Einklang mit der lebendigen Erde.

Mögen Sie auch im Engagement für Ökotrauer auf innere oder äußere Widerstände treffen, werden Sie diese einordnen können und sich vermutlich nicht so leicht entmutigen lassen, nicht so schnell aufgeben. Denn schließlich: Ökotrauer ist n o t -w e n d i g – ist fähig, Not zu wenden, zu wandeln.

Ökotrauer – eine spezielle Farbe im weiten Feld der Trauer

Trauer hat im Bewusstsein der meisten Menschen, oft auch in der Literatur, mit Tod und Sterben von geliebten, persönlich wichtigen Menschen oder Lebewesen zu tun. Weniger bekannt ist, dass auch andere Verluste Trauer auslösen, auslösen können – der Verlust von Heimat, Arbeit, Gesundheit, Hoffnung, Wünschen, Fähigkeiten, Lebenszielen – von all dem, was nicht mehr ist und so nie mehr sein wird.

Jorgos Canacakis sagt dazu: „Trauer ist eine anspruchsvolle Dame. Sie will gehört, gesehen und respektiert werden. Wir können sie nicht einfach weg machen."

Wie diese mündliche Aussage hörte ich – wie bereits dargestellt – bei ihm zum ersten Mal das Wort „Ökotrauer". Es beschreibt neben der Trauer um die Wunden der Erde zugleich unser Wissen und unseren Respekt vor der Natur, unsere – vielleicht noch schlummernde Tatkraft, unsere Wünsche und die Chancen veränderten Tuns. In Trauer steckt letztlich immer die Medizin, die heilt: Liebe.

In Trauerprozessen sind Körper, Seele und Geist betroffen. Es treten unterschiedliche Gefühle auf, z.B. Angst, Verzweiflung, Ohnmacht, Schuld, Wut, Zorn, Leere, Unsicherheit, Hilflosigkeit, depressive Verstimmung und vieles mehr. Gehen wir den Weg der Trauer und lassen sie zu, werden uns auch energetisch andere, positiv erlebte Gefühle begegnen wie Freude, Mut, Kreativität, Erleichterung, Hoffnung, Zuversicht und Lebensenergie. Wir, die wir in Trauerzusammenhängen arbeiten, nennen diese Fülle an Gefühlen auch das „Trauerchaos".

Alle diese Gefühle sind Energien, meist sehr starke Energien. Kommt es zu einem Trauererleben, treten sie – je auch einzelne von ihnen – in unterschiedlichen Intensitäten auf. Zwei Beispiele aus dem Bereich Ökotrauer: Ein Kind erlebte das dominante Gefühl von Angst, nachdem es gelernt hatte, dass die Erde eines Tages verglühen wird. Erwachsene erlebten nach der Katastrophe von Fukushima das dominante Gefühl von Ohnmacht – gerade, weil die Verheißungen der Technik versagten, sich gegen sie, gegen uns alle wandten.

Besonders in Zeiten, in denen „Sicherheit" ein hoher persönlicher, politischer und wirtschaftlicher Wert ist, wie dies zweifellos dem aktuellen Zeitgeist entspricht, kann die Natur mit ihren Unvorhersehbarkeiten bedrohlich wirken. Je höher das Sicherheitsbedürfnis, desto mehr geht es mit der Angst spazieren – mit der Angst, dass etwas diese Sicherheit stört. Obwohl wir wissen könnten, dass Geburt und Tod die einzigen wirklichen Sicherheiten unseres Lebens sind und der Rhythmus von Werden und Vergehen und Werden und Vergehen und Werden ... jedes Leben bestimmt, es also in dessen Verlauf keine absoluten Sicherheiten geben kann.

Und doch: Das Erfinden und Aufzeigen von Bedrohungen nimmt Menschen leicht gefangen. Ihre Beziehung zur Natur ist darum oftmals angstdominiert, im Großen (Klimawandel) und im Kleinen (Zeckenangst).

Gesellschaftliche Zusammenhänge

Großen Einfluss auf die Verhältnisse im Trauerchaos kann auch die Umgebung haben, in der Menschen leben und wohnen. Menschen in Städten, oft mit einer oder zwei Arbeitsstellen oder gar keiner, Singlehaushalte mit Kindern, mit wenig Zeit und Geld, werden andere Gefühle zur Natur haben als Spaziergänger, als Menschen in deutlichen Landschaften wie Meer, Berge, Gegenden mit weitem Blick und Möglichkeiten zu vielfältigen Naturwahrnehmungen. Landfernen Menschen kann Natur so oft deutlich weniger bewusst und folglich auch deutlich weniger wichtig, sogar egal sein.

Und doch funktioniert eine pauschale Einteilung in Land- und Stadtmenschen nicht: Blicken wir auf die neuen Naturbewegungen in der Stadt: Urban Gardening, städtisches Imkern, auch die Begrünung von Dächern. So gesehen gibt es mehr Biodiversität in Städten als in der industriellen Landwirtschaft.

Wenig Naturbewusstsein – dieses Phänomen ist umgekehrt nicht nur in den riesigen Wohnblöcken der Großstädte zu finden. Es ist zunehmend auch in Neubaugebieten ländlicher Regionen anzutreffen, in denen zum Beispiel das Unkrautvlies unter den pflegeleichten Kiesvorgärten oftmals dazu gehört.

Das bedeutet jedoch nicht, dass Menschen hier wie dort keine Ökotrauer verspüren. Sie mag sich vielleicht wie eine Leerstelle anfühlen, eine unklare Sehnsucht, ein Bedauern um das Ungewisse, Unbekannte, das doch zu den Grundbedürfnissen des Lebens zählt. Hier zeigt sich das, was Viktor E., Frankl, Gründer der Logotherapie, „das Leiden an einer tiefen Sinnlosigkeit und lähmenden Leere …, die Krankheit unserer Zeit"[1] nennt.

Für Menschen, die bewusst Naturerfahrungen in ihr Leben einbinden, gestalten sich Umgang mit und Bewusstwerden von Trauer oft anders und deutlich konkreter. In Beruf und diversen Freizeitaktivitäten begegnen sie unübersehbaren Veränderungen und Zerstörungen, die Trauer auslösen.

Ökotrauer. Sie mag sich als ein Gefühl zwischen Bedauern, Wut und Schuld zeigen – eigene und anderen zugewiesene Schuld. Sie können die Kostbarkeiten der Natur, ihre Bedingungen für unsere Existenz und auch das Leben an sich sehr viel leichter erkennen und daraus schließen, dass Natur erhaltenswert ist.

Immer wieder erfahre ich von Menschen in tiefer Trauer, dass Natur ihre größte Ressource ist, sie kaum wissen, wie sie ohne Naturbegegnungen ihren Trauerweg geschafft hätten. So erzählte eine Frau, deren Sohn durch einen Motorradunfall ums Leben

---

[1] Viktor E. Frankl: Das Leiden am sinnlosen Leben, Psychotherapie für heute, Wien [15]1977, S. 18.

kam, dass sie nicht wisse, wie sie ohne die Waldspaziergänge mit ihrem Hund das Überleben geschafft hätte. Weite Wälder und Erde erdeten sie und halfen ihr, weiter zu leben.

Andere erfahren Ökotrauer als eine Art Ohnmachtsgefühl – Ohnmacht gegenüber Situationen und Zuständen, größer als der/die Einzelne. Sie nehmen den gewaltsamen Tod oder die unwürdigen Lebensbedingungen von Tieren wahr, z.B. in Medienberichten zu Schlachthöfen und Ställen mit Massentierhaltung und fühlen sich so mitunter schuldig im Verstehen, dass auch ihr eigenes Verhalten zu Zerstörung, Leid und Tod beiträgt. Sie haben damit auch die Möglichkeit und Chance zu lernen, achtsam mit anderen, kleinen Einheiten des Ökosystems umzugehen; dort, wo es ihnen möglich ist, eigenes Verhalten aus eigenem Antrieb zu ändern – auf der Basis von Erkennen, Fühlen und Tun.

Schließlich gibt es eine Gruppe von Menschen, die Natur vorwiegend medial wahrnimmt, die Ökologie sogar im eigenen Wertesystem sehr hoch einschätzt, in der unmittelbaren Erfahrung jedoch Schwierigkeiten hat. Ein Beispiel: Obwohl ich selbst aus meiner Kindheit wusste, dass Hühner nicht ständig und gleichmäßig im Jahresverlauf Eier legen, war ich erstaunt und fast empört, als ich zum ersten Mal einen Bioladen betrat und feststellte, dass es keine Eier mehr gab. Mein Urteil stand fest: Schlechtes Management! So musste ich durch Realitätskontakt lernen, was mein Kopf und meine frühe

Erfahrung doch wussten: Hühner sind keine Maschinen. Sie folgen natürlichen Rhythmen wie anderes Leben auch.

Menschen können den wertschätzenden Umgang mit Natur lernen, eventuell wieder lernen. Dies ist Aufgabe nicht nur der oben genannten Gruppe, sondern es geht allgemein um Erfahrungen, die Wissen mit der Realität natürlicher Prozesse verbindet.

Als weiteres Beispiel für das Zusammentreffen von fehlendem Wissen und realen Naturbegegnungen mag folgende kleine Geschichte dienen: Eine Freundin fragte mich vor einiger Zeit, ob ich wüsste, dass Kühen mehr und mehr die Hörner genommen werden – und warum dies so sei. Ich weiß das, habe oft hörnerlose Kühe gesehen, bin ihnen begegnet. Die offizielle Begründung ist, dass Menschen sich unterwegs auf Wanderungen, im Urlaub unsicher fühlen, wenn ihnen Kühe mit Hörnern begegnen und sie deren Gefährlichkeit nicht einschätzen können – besonders Kinder seien dann zu schützen.

Mit und ohne Hörner: Kühe sind große, wuchtige Tiere – können auch „oben ohne" ängstigen. Vielleicht geht es jedoch auch gar nicht darum: Die Folge dieser „Hörner-Operationen" ist nämlich, dass diese Tiere im Stall näher aneinander gebunden werden können, da sie sich mit den Hörnern nicht stören oder verletzen und somit mehr Tiere im Stall Platz haben. Ein ökonomischer Gewinn!

Fazit: Ökotrauer ist facettenreich. In der einen oder anderen Form sind wir alle mit ihr konfrontiert, haben die Chance, mit und durch sie zu lernen – mehr zu lernen über Umwelt und Natur und so mit Denken, Fühlen und Tun mehr zu lernen, mehr zu verstehen über die Bedingungen unserer Existenz, über das Leben. Trauer unterstützt Veränderungsprozesse!

Wunden der Erde – Verlust und Gefahr
Kaleidoskop der Schrecken

„Der Mensch hat die Fähigkeit, vorauszublicken und vorzusorgen verloren.
Er wird am Ende die Erde zerstören."

Albert Schweitzer

Umweltkatastrophen gibt und gab es wohl zu allen Zeiten. Wir haben in den vergangenen Jahren und Jahrzehnten immer wieder sehr große erlebt oder medial vermittelt bekommen. Die Reaktorkatastrophen von Tschernobyl und Fukushima, die ausgediente Ölplattform Brent Spar in der Nordsee, die 1995 als Müllentsorgung in der Tiefsee vor Irland versenkt werden sollte. Als Folge einer großen öffentlichen Kampagne wurde dies verhindert und ein „Versenkungsverbot für Ölplattformen im Nordatlantik" erlassen.[1] Die Katastrophe von Deep Water Horizon 2010:[2] Als Folge einer Explosion auf der BP-Bohrinsel im Golf von Mexiko brannte diese 36 Stunden lang. Es war die schwerste Ölkatastrophe in der Geschichte der USA. Tote Menschen. Verschmierte, tote Vögel und Fische. Ein Ölteppich, der eintausend Kilometer der Küste mit Schmutz verklebte. Erst nach 87 Tagen gelang es, die Quelle zu verschließen.

---

[1] Zur Information siehe https://de.wikipedia.org/Brent_Spar.
[2] Zur Information siehe
https://de.wikipedia.org/wiki/Deepwater-Horizon.

Jahrhundert-Hochwasser, kurz hintereinander folgend, an der Oder, Elbe und anderen Flüssen und Flüsschen, die zu reißenden Fluten wurden und alles ihnen im Weg Stehende mit sich rissen – all dies in den Jahren 1997, 2002, 2006, 2010 und 2013; 2004 der katastrophale Tsunami in Indonesien. Dann gab es noch den Orkan Kyrill im Jahr 2007... und, und, und. Sie werden die Reihe der Schrecken fortsetzen können.

Furchterregend kann die Umwelt sich zeigen in ihrer gewaltigen, vernichtenden Kraft – in ihren Folgen für Mensch und all das Leben ringsum.

Solch medial vermittelte Informationen und Bilder gefährdeten, zerstörten Lebens kommen in einer global vernetzten Welt nahezu täglich in unsere Wohnzimmer, Köpfe und Herzen, in unser Leben! Natur als Täterin! Werden wir ebenso ausführlich und eindringlich informiert über Hintergründe und Ursachen mancher Katastrophenauslöser? Verbunden eventuell sogar mit einer Warnung vor „weiter so" – weiter so in der Weise, wie unsere Kultur und Gesellschaft mit Natur, mit ökologischen Notwendigkeiten umgeht?

Verstärkte, verständliche Informationen dieser Art könnten individuelles und gesamtgesellschaftliches Umdenken unterstützen, Veränderungsprozesse in Gang setzen – Ökotrauer – und damit auch – zumindest dann und wann – Erfolg haben. Die Erfahrung mit Brent Spar ist dafür ein sehr gelungenes Beispiel.

Und wie sieht es in der Realität meist aus? Vergessen wir Menschen schnell? Oder versuchen wir, das Geschehen auf eine eigene, handhabbare Größe zu bringen? Häufig werden Angst und Abstumpfung sich breit machen – bis zum nächsten Mal!

Neben den „großen", Aufsehen erregenden und so unübersehbaren Katastrophen existieren – wie kaum anders zu erwarten – auch die schleichenden Veränderungen, die vielleicht nicht unmittelbar Menschenleben fordern und dann eher relativiert werden. Die Gefahr aus der Zerstörung der Wälder, dem Plastik im Meer oder dem Sterben der Bienen zu erkennen, setzt Wissen und Abstraktionsfähigkeit voraus. So ist es möglich, dass eine Mitarbeiterin einer öffentlichen Einrichtung mir nach dem gefährlichen Tschernobyl-Fall-out erzählte, dass sie zur Arbeit gegangen sei, nichts gesehen und nichts gespürt habe. War nichts.

Eine Ideologie des Wachstums hat Probleme mit einer Vorstellung von Nachhaltigkeit, die einem System nicht mehr entnehmen darf als nachwachsen kann.[1] Ulrich Grober informiert in seinem Werk zum Thema „Nachhaltigkeit" über die Geschichte

---

[1] Ulrich Grober: Die Entdeckung der Nachhaltigkeit. Kulturgeschichte eines Begriffs, München 2013.

dieses Begriffs, zeigt zahlreiche aktuelle und historische Beispiele und Definitionen auf. Sicher scheine ihm: „Die Idee der Nachhaltigkeit ist weder eine Kopfgeburt moderner Technokraten noch ein Geistesblitz von Ökofreaks der Generation Woodstock. Sie ist unser ursprüngliches Weltkulturerbe." Der Begriff bezeichne, „was standhält, was tragfähig ist, was auf Dauer angelegt ist, was resilient ist, und das heißt gegen den ökologischen, ökonomischen und sozialen Zusammenbruch gefeit." Er zitiert u.a. den britischen Thronfolger Prinz Charles, „der vor einigen Jahren die Frage aufwarf, ob nicht tief in unserem Geist eine angeborene Fähigkeit existiert, n a c h h a l t i g im Einklang mit der Natur zu leben."[1]

Immer wieder, wenn ich in die Ausführungen von Ulrich Grober zum Thema „Nachhaltigkeit" schaue, werde ich nachdenklich und traurig – traurig, wie viel Wissen im Umgang mit Natur verloren ging und heute doch so hilfreich sein könnte, auch „im menschlichen Grundbedürfnis nach Sicherheit".[2] Ein weiterer Aspekt von Ökotrauer.

Wissen ist eben auch emotionsgebunden, das zeigt sich mir unübersehbar im oben genannten Beispiel. Die Auswirkungen werden unterschiedlich sein. Aufklärung oder deren Annahme enden gerne auch dort, wo sie unkomfortabel werden.

---

[1] Grober, Nachhaltigkeit, S. 14.
[2] Ebd.

Stellt sich allerdings Bedauern ein, ein Aspekt von Ökotrauer, kann sich die Chance einer Verhaltensänderung eher realisieren. Wenn ich das Verlorene wieder haben will und eine Möglichkeit dazu besteht, muss ich in Bewegung kommen, um dies zu erreichen.

Schuldgefühle unterschiedlicher Art zeigen sich häufig als treue Begleiter von Trauer, auch von Ökotrauer. Wir haben mehr Einfluss als wir gemeinhin denken. Zwar – politisch gesehen – noch nicht genug. Hilfreich ist hier der Unterschied, ob wir alleine sind und handeln oder Teil – gar der Anfang vielleicht – einer Bewegung sind.

Aktuell wird viel über Einweg-Kaffeebecher geschrieben, ein Haufen Müll aus Gedankenlosigkeit und Bequemlichkeit. Menschen kaufen solch einen Becher Kaffee und werfen ihn nach dem Trinken weg – wenn wir Glück haben in einen Abfalleimer. Es liegt auf der Hand, dass wir hier etwas verändern können. Sind wir uns dessen bewusst und verharren trotzdem im gewohnten Verhalten, werden sich – je öfter, desto mehr – schlechtes Gewissen und Schuldgefühle einstellen. Ich könnte ja etwas tun! Ohne großen Aufwand, sogar ohne Verzicht auf den Genuss. Es geht, wie gesagt, um das gewohnte, nicht um ausnahmsweises Verhalten.

Auch im Bewusstsein von Ökotrauer ist es eine große, wichtige Aufgabe, Schuld und Vergeblichkeitsgefühlen Vertrauen an die Seite zu geben. Die amerikanische Aktivistin Naomi Klein sagt in ihrem

Buch „Die Entscheidung. Kapitalismus vs. Klima"[1], „wir haben nicht mehr viel Zeit, etwas zu ändern." Doch setzt sie darauf, dass es in der Geschichte große Veränderungen gegeben hat durch große Bewegungen wie die Frauenemanzipation oder die Sklavenbefreiung. Warum sollte so etwas, dieses Zusammenführen vieler kleiner, einzelner Handlungen und Bewegungen nicht für die Bewältigung von Ökotrauer und deren Ursachenbekämpfung möglich sein?

Bleiben wir beim Beispiel Kaffeebecher. Viele kleine Einzelinitiativen gibt es schon:

- Der BUND Bremen baute im Juli 2016 eine Pyramide aus Bechern in der Innenstadt auf, um die steigenden Müll- und Rohstoffmengen zu verdeutlichen. Was anschaulich ist, ist wirkungsvoller – wir brauchen nicht nur Wissen und Gefühle, auch unsere Sinne sind gefragt.

- Die Deutsche Umwelthilfe unterstützt beim Aufbau eines Mehrwegbecher-Poolsystems.

- Die Verbraucherzentrale Hamburg startete schon 2014 die Kampagne „Der Becher soll gehen".

- Eine Crowdfunding-Initiative auf Start-Next sammelt Geld, um Aufkleber herzustellen und Kaffeehäuser davon zu überzeugen, einen Sti-

---

[1] Naomi Klein: Die Entscheidung, Kapitalismus vs. Klima, Frankfurt am Main 2016, S. 17.

cker „mitgebrachte Becher sind will-kommen" an die Scheibe zu kleben.

▪ Ich trinke gerne Kaffee, gerne auch *to go*. So habe ich seit längerem einen Kunststoffbecher, die Verkäuferin kennt mich schon, füllt ihn und legt sogar auf den Deckel einen süßen Gruß. Unkompliziert ...[1]

Hierzu noch eine neue Entwicklung: Der Mehr-wegkaffeebecher wurde als interessantes neues Konsumprodukt erkannt – thermo und nicht-thermo, öko und nicht-öko, individualisierbar. Ein gutes Beispiel für das Neue, das entsteht, wenn das Alte kippt.

Eine merkwürdige Widersprüchlichkeit ist zu be-obachten: Mehr als jede andere Generation wissen wir um die Zusammenhänge von Verhalten, Kon-sum und Umweltschäden. Trotz all dieses Wissens verbrauchen wir mehr Ressourcen, verursachen mehr Müll und kaufen uns oder schalten im TV Bilder heiler Natur. Was könnte das bedeuten? Be-quemlichkeit, Gedankenlosigkeit, Sehnsucht gar?

Es ist nicht selbstverständlich, der Natur wegen in die Natur zu gehen. Wirtschaftsinteressen mischen sich ein – Outdoor-Kleidung und ein Arsenal von Produkten. So kann Natur auch einen ökonomischen Zweck erfüllen: verkaufsfördernd sein und dazu auch beitragen, leistungsfähig und gesund zu bleiben.

---

[1] Weitere Beispiele auf https://utopia.de/tag/coiffee-t-go.

Hat diese Nutzung von Natur etwas mit Begegnung und Erweiterung der eigenen Wahrnehmung zu tun? Eine Antwort kann nur jede und jeder selbst finden. Begegnung und Erweiterung der eigenen Wahrnehmung sind wichtig, denn – wie noch darzustellen ist – für Trauer spielt es eine Rolle, welche Beziehung ich zu einem „Trauer-Gegenstand" habe. Ohne Beziehung keine Trauer! Das Verhältnis Natur und Beziehung sehe ich als wichtigstes Ergebnis meiner Spurensuche. Mehr dazu ist z.B. auch ab S. 61 zu lesen.

Es macht schon etwas Mühe, sich um die Umwelt zu kümmern. Es mag wie beim Wandern sein: Ich muss viele Male den inneren „Schweinehund" überwinden, bis mir diese Bewegung nach einiger Zeit (manche sprechen von 21 Tagen) zum Bedürfnis wird. Ist dies gelungen, gehe ich gerne und anders, handle gerne und anders. Das Ergebnis lohnt.

Verspüren wir Ökotrauer, kann sie sich grundsätzlich in zwei Richtungen zeigen:

1. Trauer nach außen gerichtet – auf das andere, z.B. die gefährdete, zerstörte Natur, die Wunden der Erde –

2. oder Trauer, die mich selbst betrifft, weil ich die Grundlagen meiner Existenz gefährdet sehe, Abschied von lieben Gewohnheiten oder einem vielleicht idealisierten Bild der Natur nehmen muss, mich meiner Freizeit-Möglichkeiten, meiner Erholungs- und Rückzugsmöglichkeiten be-

raubt sehe, mich ohnmächtig und hilflos fühle, Verhaltensänderungen oft mühsam sind, vielleicht auch ob der Ahnung eigener Versäumnisse ein schlechtes Gewissen habe.

Wir Menschen sind selbst auch Natur. Lebensnotwendig hängen wir mit der äußeren Natur zusammen – über den Atem, die Schwerkraft, dank der die Erde uns trägt, damit wir nicht irgendwo hinfliegen – in Löcher, ins Ungewisse. Sie lehrt uns den Rhythmus des Lebens von Werden und Vergehen, erfreut unsere Sinne mit ihren Schönheiten, ist uns in vielerlei Gestalt Vorbild und Symbol für Aspekte dieses Lebens. Wie gehen wir eigentlich mit uns selbst als Naturwesen um?

Halten wir uns selbst artgerecht? Eine spannende Frage – gerade vor dem Hintergrund unseres Verhaltens zur äußeren Natur.

Alles ist mit allem verbunden. Ökotrauer kann somit auch ausgelöst werden, wenn ich die Schönheit und Kostbarkeit der Natur und gleichzeitig deren Vergänglichkeit erkenne – und eben dies auch als grundsätzlich für alles Leben, auch des meinen, hinzunehmen oder gar anzuerkennen habe. Unausweichlich.

Zur Unterstützung von Erinnerungen seien noch einige unsystematisch ausgewählte Beispiele aus dem Kaleidoskop der Schrecken genannt, im Allgemeinen medial vermittelt und damit häufig inszeniert, oft auch in der Absicht, eine bestimmte Botschaft zu transportieren.

- „Stilles Sterben", „Das Summen der Bienen verstummt". „Ein Drittel dessen, was wir essen, würde es ohne Bestäubung durch Bienen & Co nicht geben. Doch die fleißigen Helfer der Landwirtschaft sind bedroht – durch die Spritzmittel der industriellen Landwirtschaft."[1]
- „Die Erde erstickt" – „Sauerstoffmangel in Nord- und Ostsee", „belastetes Grundwasser, gefährdete Biodiversität. Der Stickstoffbeschuss aus der Landwirtschaft ist ein verdrängtes Umweltthema."[2]
- „Der Klimawandel betrifft vor allem die Schwachen – vor allem Menschen in Entwicklungsländern – Anstieg des Meeresspiegels, Dürren, Überschwemmungen, Trinkwasser und Nahrung werden noch knapper"[3]
- „Wohin? Bis zum Jahr 2050 wird der Klimawandel 200 Mio. Menschen zu Flüchtlingen machen."[4] Ökoflüchtlinge!
- „Nahezu Hälfte aller Tierarten ausgestorben."[5]
- „Smog raubt den Atem" – Menschen mit Atemmasken.[6]

[1] Greenpeace-Nachrichten 03/2013.
[2] Süddeutsche Zeitung vom 01.04.2014.
[3] Hellweger Anzeiger vom 03.11.2014.
[4] Süddeutsche Zeitung vom 21./22.6.2015.
[5] Hellweger Anzeiger vom 05.06.2015
[6] Hellweger Anzeiger vom 17.01.2014

Zettel über Zettel, Zeitungsartikel, Bücher, wichtige Sätze, Erkenntnisfetzen, gesammelt aus diversen Materialien – Fundsachen aller Art, überquellend im Regal. Chaos. Vielleicht passt das, passt gerade zum Thema der Umweltzerstörung. Chaos. Ständig gesellt Neues sich dazu, denn sie hören ja nicht auf, die Meldungen über aussterbende Arten, geschundenes Leben, zerstörte Wälder, verseuchte Erde, vergiftete Flüsse, vermülltes Meer, verheerende Feuer, Klimakollaps, Katastrophen. Dazu all die Warnungen, Statistiken, Ziele, Pläne, Manifestationen von Vergeblichkeiten. Zerstörungen mit ihren unabsehbaren Folgen. Vernichtung von Leben – verwundete Erde. Vieles ist bekannt. Anderes, das wohl noch im Dunkel schlummert, ist deshalb nicht weniger wirkungsvoll.

Wir bedürfen nicht nur der offiziellen Informationen, um dieses Trauerland kennen zu lernen. Beispielhafte Zitate – da und dort aufgefangen, erlebt – illustrieren es ebenso: „Ist doch nur ein Baum!" „Kaputt, na und?" „Es gibt ja noch massig davon!" „ Ich kauf doch mein Auto nicht nach dem CO_2 – Ausstoß!", meint flott und seinen Kumpeln erklärend der Herr an der Theke. „Schnell muss es sein und gut aussehen!" Nicken ringsum.

Das Denken und Fühlen dahinter fragt nicht, warum Mensch und Erde nicht mehr im Einklang sind. Es zeigt, dass wir in einer Zeit leben, in der vollkommen verschiedene Wertesysteme nebeneinander existieren können, die mitunter um die Deutungs- und Handlungshoheit kämpfen.

Warum ändert sich so wenig? Es kann doch nicht alles egal sein! Egal, ob Nahrung verschwindet, Tiere zu Nahrungsfabriken werden, Leben versiegt! Egal, ob die Erde stirbt!

Schwindet auch unsere Hoffnung auf Stopp, auf politisch-gesellschaftliche Umkehr zerstörerischen Verhaltens? Wie steht es um unser Vertrauen in sinnvolle, umweltfreundliche, lebensdienliche Konzepte? In Enttäuschung versiegt? Fragen und Zweifel dieser Art berühren unsere Identität, fordern Trauerreaktionen unterschiedlicher Art heraus.

Verluste lösen Trauer aus. Eben auch Verluste und deren Folgen im Umfeld von Ökologie generieren Trauer – Ökotrauer. Da es ein neues Thema, ein neuer Begriff ist, sei hier nochmals betont, was das Spezielle der Ökotrauer ist: Wenn die Natur mit eingebunden ist in mein Fühlen, wenn es also einen sicht- und erkennbaren Zusammenhang mit Natur gibt, wenn wir von Trauer um die Wunden der Erde sprechen, begegnen wir deutlich Ökotrauer. Wie für andere Traueranlässe, gilt hier ebenso: Ökotrauer ist unsere Verlust- und Wandlungsenergie. Deren Intensität ist abhängig von zahlreichen Variablen und nicht zuletzt bestimmt vom Grad, von der Intensität der Bindung an das Verlorene. Denn wir Menschen sind Bindungswesen; wir binden uns an Menschen, Tiere, Landschaften, Arbeit, Hoffnungen, Wünsche, Realitäten verschiedenster Art. Je intensiver die Bindung, die Beziehung, desto schmerzlicher der Verlust, desto schmerzlicher die Trauer.

Was sagt das aus über Ökotrauer? Was ist mit unserer Bindung an Natur, an Um- und Mitwelt? Wie sieht sie aus, unsere Beziehung zum Planeten des Lebens, zur Erde?

Hier leuchtet ein zentraler Punkt meiner Spurensuche nach Ökotrauer auf, ihrer Unsichtbarkeit, ihrer so unbekannten Existenz, vielleicht auch ihres Lebens im Geheimen und dessen möglichen Ursachen.

Runterschlucken – ablenken!
Folgen vermiedenen Trauerausdrucks

„Es ist traurig zu denken,
dass die Natur spricht,
und die Menschen nicht zuhören."

Victor Hugo, 1840

Von manchem Amokläufer lesen wir, wie erstaunlich und unfassbar diese Tat sei von einem Menschen, der doch eher als ruhig und zurückhaltend wahrgenommen wurde. Und dann so was! Was wissen und erfahren wir über seine Biographie? Über all das, was er vielleicht schon an Trauererfahrung und -gefühlen hinunter geschluckt hat?

„Wer den Tod [den Auslöser der Trauer (I.H.)] als Zerstörer erlebt, dessen zerstörerischer Macht er ohnmächtig ausgeliefert ist, der gerät in Gefahr, statt sich in einem schmerzhaften Prozess den Gefühlen der Angst und Ohnmacht auszusetzen, sich mit dieser zerstörerischen Macht zu verbünden und zu identifizieren, um dem eigenen Gefühl der Ohnmacht zu entgehen." Der „verhängnisvolle Zusammenhang von Trauervermeidung und Destruktivität" kann sich u.a. auch äußern im Streben nach Macht, die sich selbst zum Herrn über Leben und Tod macht. Sie kann sich auch „äußern in der Entwertung der eigenen Person, anderer Menschen oder des Lebens insgesamt. ... Was nichts wert ist, darum muss man nicht trauern".[1]

Fehlende Empathie, Kälte, Zynismus und Mitleidlosigkeit zählen ebenso zu den Folgen von Trauervermeidungsstrategien.[2] Aktuelle Erfahrungen für die gesamte Gesellschaft können sicher unschwer zugeordnet werden. Zusammenhänge zu Ökotrauer ebenso.

Hier noch aus meiner Arbeit mit Kindern ein ob seiner Deutlichkeit, Eindringlichkeit und Wichtigkeit nicht nur für mich, wie ich weiß, ausführlich erzähltes Fallbeispiel zu kindlicher Trauer, ihrer Unterdrückung und deren Konsequenzen (Namen und andere Erkennungsmerkmale sind geändert).

Geschichte
Der traurige Te

Te, ca. neun Jahre alt, wurde von seinem Vater zur Trauerbegleitung gebracht. Mutter war gestorben und Te trauerte sehr. Er regredierte deutlich (Zurückfallen auf frühere Entwicklungsstufen, eine häufige, typische Trauerreaktion von Kindern). Es musste etwas unternommen werden. Te kam bereitwillig und brachte sein ihn beruhigendes Stoff-Kuscheltier mit, worum ich ihn gebeten hatte. Im Laufe unserer ersten Stunde fragte ich ihn auch, wie das mit Weinen sei, wann er zuletzt geweint

---

[1] Eva Gösken: Die Hüterin der Verwandlungen. Über das Schöpferische in der Trauer, Oberhausen 2003, S. 25.
[2] Gösken, Verwandlung, S. 25f.

habe. Das wisse er nicht mehr genau, meinte er. Aber das müsse er mir sagen: Er könne hier unmöglich weinen. Da würde sofort der ganze Raum überschwemmt werden. Ich bestätigte ihm, dass das wirklich nicht gehe, doch könne er mir vielleicht ein Bild malen zu seiner Trauer, seinen Tränen. Sofort machte er sich daran – ein zeichenblockgroßes Bild entstand mit einem riesigen blauen See, in dessen Mitte eine Person. Seine Überschrift: „Der traurige Te im Tränensee".

Zur zweiten Stunde bat ich ihn, ein Bild von Mama mitzubringen und erfuhr, dass er zu Hause gezündelt habe. Te kam mit zwei Alben, ohne Kuscheltier. Vater habe gemeint, das brauche er nicht mehr. Er bestätigte mir allerdings, dass er es gerne dabei gehabt hätte. Ich animierte ihn, es zu malen und so war es auch dabei. Te erlaubte mir, Mamas Photos anzuschauen, wollte sie selbst aber nicht sehen. Er verhielt sich, als habe er damit nichts zu tun, reagierte aber schnell, korrekt und informiert auf jede meiner Bemerkungen oder Fragen.

Am Ende der dritten Stunde war mit dem Vater ein Familiengespräch vereinbart. Te kam etwas unruhig, malte wieder sein Kuscheltier. Seine Alltagsrealität war unser Thema. Eine Skizze zur Lage von Wohnung, Schule, Schulweg ... wie beiläufig erzählte er dabei, dass es in der Schule nicht mehr so gut sei. Keiner verstehe ihn, die wüssten alle nicht, was mit ihm los sei. Aber das sei nicht so schlimm. Er habe ja jetzt seine „Neger". Ich kannte diesen

Ausdruck und er bestätigte, dass diese etwas für ihn tun müssten. Was, wollte er mir nicht sagen.

Im Anschluss an diese Stunde beendete der Vater die Trauerbegleitung. Te brauche das nicht mehr, seine Symptome seien verschwunden. Dass dies ein gutes Zeichen und ein Schritt in die richtige Richtung sei, doch noch zu früh zum Beenden der Trauerarbeit, ließ der Vater nicht gelten und verabschiedete sich mit seinem Sohn. Mitnehmen konnte er aus dem Familiengespräch den Hinweis, sich jederzeit bei Bedarf wieder melden zu können.

Drei Jahre später war es so weit. Ich hörte von der therapeutischen Station, dass dort jetzt einer sei, der mal bei mir war. Te. Aufgenommen wegen Aggression und deutlich dissozialem Verhalten.

Ich habe Te nicht mehr gesehen. Doch denke ich oft an ihn, an seine große Trauer und Not, an sein ihm auferlegtes Trauerverbot. Und ich bin ihm sehr dankbar. In diesen drei Stunden habe ich als Realerfahrung viel, sehr viel von ihm gelernt. Viel über Trauer, viel über kindliches Ausgeliefert-Sein und selbstschädigende Notlösungen. Ich habe gelernt:

Trauerarbeit ist Friedensarbeit.

Danke, Te. Wieder mal zeigte sich: Es sind (oft und oft) die Verletzten, die verletzen. Und auch dieser Vater hat natürlich seine Geschichte.

Was lehrt uns dieses Beispiel über Trauer, speziell über Ökotrauer?

Es geht in diesem Kapitel um die Folgen vermiedenen, verbotenen Trauerausdrucks. Diese und ähnliche Folgen gelten für alle schmerzhaften Verlustsituationen, gelten auch für Ökotrauer.

Hierzu gesellt sich passend auch der Eingangstext von Victor Hugo: Die Erde spricht – und was geschieht? Gibt es keine Antwort, statt wirklicher Wahrnehmung eher Wegschauen, braucht und wird auch niemand um Zerstörungen und Wunden der Erde trauern. Wie oben beschrieben: Was nichts wert ist, darum braucht man nicht zu trauern. Erschreckend kommt für mich hinzu der Aspekt des Verbündens und Identifizierens mit der zerstörerischen Macht (vgl. S. 43), um Gefühlen eigener Ohnmacht zu entgehen.

Ökotrauer ist kaum im Außen sichtbar, ist weitgehend unbekannt und die Frage ist, ob es sie tatsächlich nicht oder kaum gibt, ob nur das Wort unbekannt ist und wenn das Fehlen Realität sein sollte, was dies für unser Leben bedeutet.

Es gilt somit für mich, der Frage nachzugehen, wie es um unsere Beziehung zur Erde steht, was sie uns wert ist, was dem Fehlen einer intensiven, respektvollen Beziehung zu Grunde liegen könnte und ob, bezogen auf Natur, ein Zusammenhang sichtbar ist zwischen Ohnmachtsgefühlen und Destruktivität, Wunden der Erde.

Warum?
Das große Schweigen angesichts der kontinuierlichen Zerstörungen – Ursachenforschung

Zum großen Teil lernen wir in unseren Herkunftsfamilien, ob Trauer erlaubt, wie und worüber zu trauern ist. So ist sie uns Vorbild und lehrt uns, was zu tun ist. Ein Kind kann nicht oder kaum anders als dieses Muster leben. Erst im Erwachsenenalter können wir unser Wissen erweitern, neue Verhaltensweisen lernen, uns nach-nähren.

Trauerhindernisse und gewohnte Verhaltensweisen verschiedenster Art im Gefolge all der vielen Verluste und Übergangssituationen unseres Lebens kommen – wenig verwunderlich – ebenso beim Thema Ökotrauer zum Tragen und sollen hier auch ihren berechtigten Platz finden. Bei diesem Thema erschwert sich die Ursachensuche gerade durch die weitgehende Unbekanntheit des „Objektes".

Das „wir" in den folgenden Darstellungen meint allgemeine, häufig wahrnehmbare Sichtweisen. Es soll der Verständlichkeit dienen und weiß selbstverständlich um die Existenz individueller Erfahrungen und Reaktionen.

In unserer Gesellschaft und Kultur ist **Trauer** immer noch **ein Tabuthema**. Obwohl mittlerweile zahlreiche Initiativen, Einrichtungen, Therapie-, Beratungs- und Begleitungsangebote zur Verfügung stehen, ist Trauer häufig eher etwas für das „stille Kämmerlein". Oft unterdrückt, sogar verboten. Dies zeigt anschaulich der Zeitgeist im Nachkriegsdeutschland, dessen Motto zu dieser Thematik eine Arie aus der sehr geliebten, häufig gesungenen und zu hörenden Lehár[1]-Operette „Das Land des Lächelns" war: „Immer nur lächeln und immer vergnügt! Immer zufrieden, wie's immer sich fügt. Lächeln trotz Weh und tausend Schmerzen – doch wie's da drin aussieht, geht niemand was an."

Vorgelebt, weitergegeben, wirksam noch Generationen später.

So mag, exemplarisch gezeigt, zu den Gründen tabuisierten Trauerverhaltens unserer Kultur die deutsche Vergangenheit mit zwei Weltkriegen, zwei Diktaturen und unzähligen Toten, Verlusten aller Art gehören.

Einige der Folgen von Flucht und Vertreibung damals, von Zusammenrücken, Notaufnahmen und nicht immer freundlich erlebtem Ankommen werden, ausgelöst durch die aktuelle Fluchtbewegung, da und dort wieder aktiviert werden. Nach mehr als siebzig Jahren ist sicherlich vieles aufgearbeitet; wie viel Trauer noch im Hinter- und Untergrund lebt, wirkt, sich an aktuelle Trauersituationen „anhängt" und somit Abwehrhaltungen verstärken kann, ist hier nicht zu klären. Allerdings wissen wir aus Sicht systemischer Zusammenhänge um die

---

[1] Franz Lehár, Komponist, *30.04.1870, †24.10.1948.

Existenz und mögliche Wirkung unerlöster Energien im Familiensystem. Wer all das Grauen überlebte, es weiter gab oder davon hörte, mag den Tod von Bäumen und anderen nicht-menschlichen Lebewesen eher belanglos finden.

Trotz einer Fülle von Literatur rund um das Thema „Trauer" zeigt sich immer noch viel **Unwissen,** ist Trauer in vielen Fällen immer wieder mit Schwäche konnotiert, statt der ihr längst zustehenden Erfahrung von Stärke, Mut, Kreativität und Lebenskraft. Dieses Nicht-Wissen bezieht sich sowohl auf die Vielfalt von Traueranlässen allgemein als auch auf die immer wieder virulente Angst und Hilflosigkeit im Umgang mit Trauernden.[1] „Trauern ist die Lösung, nicht das Problem" – auch dieses Postulat von Chris Paul bedarf noch der Verbreitung, sucht noch nach Wegen in das menschliche Bewusstsein.[2]

Unwissen gerade im Bereich Ökotrauer ist dominantes Thema dieser Seiten. Psychotherapie in Anspruch zu nehmen, mag in den USA eine selbstverständliche Handlung sein. Nicht so bei uns! Allgemein gesprochen: Wir sind eher skeptisch, vorsichtig und oft entschlossen, **das schon alleine hinzukriegen.** Manche fürchten eventuell auch den

---

[1] Hilfreich hierzu Chris Paul: Keine Angst vor fremden Tränen! Trauernden Freunden und Angehörigen begegnen, Gütersloh 2013.
[2] Chris Paul: Wir leben mit deiner Trauer. Für Angehörige und Freunde, Gütersloh/München 2017, S. 12.

Verdacht, sie seien nicht stark und realistisch genug oder würden gar als „krank" bezeichnet, wegen „so was" fachliche Hilfe zu brauchen! Wegen Ökotrauer Hilfe zu benötigen – wer soll das verstehen? Ängste, Aggressionen und andere heftige Reaktionen werden – noch, jedenfalls weithin – nicht besonders ernst genommen. Da ketten sich Menschen an Gleise, um Atomtransporte zu erschweren, an Bäume, um deren Fällen zu verhindern! Ich sehe das Kopfschütteln...

Oder **ist Trauer** sogar **gefährlich**? Angst berechtigt?
Ja, das kann so gesehen und befürchtet werden. Menschen in akuten Trauerkrisen und damit intensiven Veränderungserfahrungen können sehr wohl fragen und befürchten: Wenn ich mich auf das Trauern einlasse – ob ich das alles schaffe? Das ändert sich nie! Wie soll es weiter gehen? Sich ablenken, betäuben ... Wie gefährlich gerade dies als Dauerstrategie, um dem Fühlen zu entgehen, sein kann, ist kaum bekannt. Erinnern wir uns nochmals an die Nachkriegszeit und das damals gelernte und weiter gegebene Verhalten, wie oben schon beschrieben. Dann taucht historisch Interessierten vielleicht das Bild der Trümmerfrauen auf: Männer, Söhne vermisst, tot, in Gefangenschaft, die Heimat zerbombt, Nahrung knapp und die Zukunft unsicher. Wie sollen wir das alles schaffen!? Sie packten an – doch wie's da drin aussieht ... in solch existentiellen Lebenssituationen ist das Überleben selbst schon eine

Leistung, und von daher die Einschätzung von Trauer- und Verlustsituationen ruhigerer, geordneterer Zeiten im Vergleich eher harmlos. Trauer? Überleben, das war das wichtigste. Und alles andere unter zu ordnen. Jedenfalls erst mal. Aufarbeitung braucht Zeit, wie in politischen Zusammenhängen aktuell zu erleben ist.

Trauernde können allerdings auch in **verschiedenen politischen (Herrschafts)-Strukturen als Gefahr wahrgenommen werden.** Die Erfahrung zeigt: Wer trauert, wer viel, Wichtiges verloren hat, ist nicht mehr so leicht zu erschrecken, einzuschüchtern, „klein" zu kriegen. Als Beispiel dafür mögen südamerikanische Mütter dienen, die um ihre verschwundenen Söhne trauern und deshalb seit Jahren als Gruppe furchtlos öffentlich auftreten und von der Regierung Aufklärung und die Rückgabe ihrer Söhne fordern.[1]

Ein anderes deutliches, erstaunliches Beispiel zeigte sich in China anlässlich des 25sten Jahrestages des Massakers auf dem Platz des Himmlischen Friedens:[2]

„Das große Massaker am Platz des Himmlischen Friedens [welche Ironie der Begriffe und Ereignisse (I.H.)] hat das China von heute geformt – 25 Jahre später ist die Zensur am Ziel: Viele Chinesen wissen nicht mehr, was sich am 4. Juni 1989 ereignet

---

[1] Konrad Pfaff: Trauer Anklage Zorn., Aachen 2014, S. 19.
[2] Süddeutsche Zeitung vom 31.05./01.06.2014.

hat." „Mit diesem Massaker endete die Demokratiebewegung, von der die Menschen mehr wollten, mehr Demokratie. Sie erhielten das Ende eines großen Volksfestes, eines Happenings – eines Festes, mit dem sich Millionen Bürger an ihrer neu gewonnenen Freiheit berauschten und das mit Kugeln und Bajonetten, Hunderten, Tausenden Toten endete – erschossen, erstochen, von Panzern zermalmt. Die Zahl ist bis heute nicht bekannt."

„Diese Nacht wurde dem Vergessen anbefohlen und so wurde „Erinnerung zum Verbrechen". Auf dem Index der Zensoren [stand (I.H.)] in diesen Tagen auch *daonian*, ‚trauern'. Die Trauer wurde und war verboten – in Wort und Tat". So gefährlich schätzte das Regime Erinnerung und Trauer ein – zu Recht. Die Funktionäre wussten wohl um die explosive Kraft der schwer geschädigten, enttäuschten, furchtlosen Trauernden, die vielleicht lebten mit dem Gefühl, dass sie nicht mehr viel zu verlieren haben.

Dass eine vorsichtig zunehmende Einsicht in den Sinn von Trauerenergie, Vertrauen und Mut, dazu zu stehen, wahrnehmbar ist, korrespondiert nicht mit der Situation von Ökotrauer. Ist diese sogar rückläufig? Schäden nehmen zu, Klagen und Proteste bleiben eher aus. Im Bereich Ökotrauer geht es um weitere, andere starke Bremsen und Gegenströmungen.

Im Sinn von Ursachenforschung: Sollte hier immer noch der biblische Satz **„Macht euch die Erde untertan"** gelten?

Wir können gehört haben, dass dessen Sinn missverstanden sei. Im Umgang mit Um- und Mitwelt verhalten wir uns trotzdem nicht auf Augenhöhe mit Pflanze, Tier, der gesamten lebendigen Erde. Der Wälder sinkende Sterne sind ein weltweites Phänomen. Trotz unseres Wissens über die Notwendigkeit der Bäume für unsere Atemluft, die Atmosphäre, als Lungen der Erde, sterben Wälder, sterben Urwälder. In ihrem Gefolge mangels Lebensraum und Ausbeutung der natürlichen Ressourcen sterben Tier- und Pflanzenarten aus. Der westliche Mensch bevorzugt wohl oder braucht Parkplätze statt Bäume, Häuser statt Wiesen. Und so bauen wir Mauern nach unten, ersticken damit Erde und in ihr lebendes Wachstum und Getier. Es ist die Erde, die uns trägt und nährt! Zur fehlenden adäquaten Wertschätzung der Natur gesellt sich der Verlust von sehr viel mit ihr verbundenem Wissen.

Es war einmal ... **Mythen und Märchen** erzählen von alten Zeiten, in denen die Erde nicht nur geschätzt, sondern verehrt wurde – Mutter Erde! Kinder wissen noch um den Zauber, lieben Märchen, können Kontakt zu Elementen aufnehmen, verstehen deren Sprache. Für sie ist Natur belebt.

Als ich mit meiner damals ca. zweijährigen Enkelin auf einem kleinen Spaziergang an einem naturbelassenen Parkplatz-Begrenzungsstein vorbei kam, blieb sie stehen, streichelte ihn liebevoll „ei, ei"! Heinz Körners „Ein Märchen" in „Die Farben der Wirklichkeit" geht ebenfalls dieser Spur nach. Ein Baum und ein kleines Mädchen verstehen, dass sie nicht so wachsen dürfen, wie sie wollen, und betrauern diesen Umstand.[1]

Die germanischen Stämme, die den Boden erstmals kultivierten, auf dem wir heute leben, hatten im Allgemeinen eine animistische Religion. Die Natur und Naturkräfte waren beseelt, die Erde belebt – Nixen in den Wassern, Zwerge, Riesen ... Naturelemente konnten Gottheiten beherbergen, die Donareiche etwa, von der häufig in Geschichtsbüchern zu lesen ist. Das Christentum setzte sich darüber hinweg. Die Eiche wurde gefällt – es galt, keine Götter zu haben außer dem einen, für den das Christentum missionierte. Bezüge zur Natur, Verehrung, Wertschätzung entschwanden damit. Ein Bewusstsein wie das der Indianer, die die Erde als ihre Mutter sehen und bezeichnen, z.B. fragen: „Weißt du, dass die Bäume reden?"[2] hat das Christentum nicht gepflegt. So haben wir weniger spirituell verankerte Bindungen an die Erde und ihre

---

[1] Heinz Körner: Ein Märchen, in: Die Farben der Wirklichkeit, ein Märchenbuch, Fellbach ²1983, S. 3a-c.
[2] Käthe Recheis/Georg Bydlinski (Hg.): Weißt du, dass die Bäume reden. Weisheit der Indianer, Wien 1986.

Geschöpfe als manch andere Religion. Aus dem Paradies vertrieben – einer unserer zentralen Mythen.

Die Erde und der Himmel! Nicht nur die christliche Religion informiert über den Himmel als letztliches Ziel eines gottesfürchtigen Lebens. Der Himmel ist Wonne, Glückseligkeit – ich kenne das sehr wohl nicht nur aus Kindertagen. Wirklich sehr fromme Menschen können sich freuen zu sterben, denn dann kommt das Ziel aller Sehnsucht, der Himmel – versprochen dem, der/die glaubt. Und die Erde? Ist sie das Jammertal? Minder-wertig? Hier muss man eben leben – nach den vorgegebenen Kriterien, um sich den Himmel zu verdienen. Erde und Himmel stellen sich so als Gegensätze, als Gegenpole einer hierarchischen Ordnung dar. Erde – Mittel zum Zweck? Trotz aller Schöpfungsgeschichten?

In Trauerbegleitungen ist mir immer wieder das Trostpotential dieses Glaubens begegnet, das ich dann selbstverständlich würdigen kann.

Unberührt davon bedenke ich auch die **Gefahren**, die es möglicherweise enthält. Wem das Leben auf Erden schwer ist – dies sind fraglos große Trauersituationen – der mag sich nach dem Himmel sehnen. Dies gilt auch für Kinder. So erzählte eine Auszubildende im Pflegebereich von ihrer Sorge, dass der kleine Sohn manchmal davon spreche, lieber im Himmel zu sein als auf der Erde, denn dort sei es doch so viel schöner. Von dieser Motivation wäre auch mancher Attentäter angetrieben, können wir hören und lesen, dem nach dem Tod ein Himmel voller Wonnen versprochen sei – leidvolle Erfahrungen aktuellen politischen Geschehens.

Eine andere Gefahr in der Folge dieser Lehre mag eben auch die geringere Bewertung oder gar fehlende Wertschätzung der Erde sein. Welche Beziehung wird dem entsprechen?[1]

Viel **Wissen** ging auch verloren bezogen auf den Schutz der Natur mit dem Ziel, sie zu erhalten und zu fördern. Dazu zählt als eindrückliches Beispiel die Bedeutung der **Nachhaltigkeit**.[2] Ergänzend dazu gibt es eine erschreckende Zunahme der Abholzung von Wäldern zugunsten wirtschaftlicher Gewinne – Wälder werden zu Plantagen. Vor allem in Entwicklungs- und Schwellenländern, so können wir den Medien entnehmen, sind illegaler Handel mit Holz, die Umwandlung von Wäldern in landwirtschaftliche Nutzflächen, Brände und Dürren Ursachen von weniger Waldflächen. Nach Informationen des Bundeswirtschaftsministeriums seien etwa zwanzig Prozent der weltweiten Emissionen des klimaschädlichen Treibhausgases CO_2 Folge des Verlustes von Wäldern vor allem in den Tropen.[3]

Fehlenden Naturerfahrungen und -erlebnissen folgen veränderte Bindungen. Wozu ich keine oder wenig Beziehung habe, dazu werde ich kaum trau-

---

[1] Hellweger Anzeiger vom 21.3.2017, S. 5.
[2] Informationen dazu können Sie auf S. 31f finden sowie bei Grober, Nachhaltigkeit.
[3] Hellweger Anzeiger vom 21.3.2017, S. 5.

ern bei einem Verlust, der dann als solcher auch kaum wahrgenommen wird und ich werde auch kaum mein Verhalten ändern. **Beziehung und Bindung** – sie bestimmen wie z.B. auch beim Tod eines Menschen unser Trauerverhalten und dessen Intensität. Wenig Bindung – wenig Trauer, wenig Ökotrauer. So kann und wird diese auch zu einem aussagekräftigen Indiz für die Art einer Beziehung, einer Liebe zur Erde und ihren Geschöpfen werden.

Wie steht es um unsere **Naturerfahrung im Fern- und Nahbereich**? Einige werden sich sicher glücklicher, eindrucksvoller Kindheitserfahrungen erinnern und wie ich dieses Geschenk der frühen Jahre zu schätzen wissen. Anderen fehlt eine wirkungsvolle Beziehung zur Erde. In meiner Arbeit als Trauerbegleiterin begegnet mir nur sehr selten die Ökotrauer einer Klientin/eines Klienten. Dabei handelt es sich dann jeweils um individuell wahrnehmbare, Bedeutung tragende Verluste aus dem Nahbereich. Ein Wäldchen nahe dem Haus, das abgeholzt wurde, ein Baum, Freund vielleicht schon aus Kindheitstagen, der oft und oft Schatten und Zuflucht bot.

Es sind Verluste, vergleichbar dem Song von Alexandra: ein Baum, der zum Freund wurde. Sie lässt uns teilhaben an ihrer Trauer und erzählt unter anderem:

„Du fielst heut' früh, ich kam zu spät.
Du wirst dich nie im Wind mehr wiegen,

du musst gefällt am Wege liegen
und mancher, der vorüber geht,
der achtet nicht den Rest von Leben
und reißt an deinen grünen Zweigen,
die sterbend sich zur Erde neigen.
Wer wird mir nun die Ruhe geben, die ich in
deinem Schatten fand?
Mein bester Freund ist mir verloren, der mit der
Kindheit mich verband."[1]

Ein anschaulicher, eindrücklicher Songtext, in dem Alexandra uns von ihrer Trauer um den Verlust, um den Tod dieses Baumes erzählt, von ihrer intensiven Bindung, entstanden in Kindheitstagen – jetzt zerstört, der Baum gefällt. Es ist auch ein Abschiedstext im Wissen, dass er nie mehr sein wird. Ein Text, der die Zeit überdauerte, sogar ihren eigenen Tod. Ein Vermächtnis besonderer Art.

[1] Alexandra: Mein Freund der Baum, in: Alexandra: Die Stimme der Sehnsucht, LP/CD Universal/Philipps Records 1968.

Neue Wege gehen – Wege neu gehen lernen
Ermutigung zur Spurensuche

„Die Zukunft ist ein unbetretener Pfad."[1]

Mit den Überlegungen und Ergebnissen meiner Spurensuche nach Ökotrauer lade ich Sie ein, sich selbst auf Spurensuche zu begeben – Ihre individuellen Spuren von Ökotrauer zu suchen. Vielleicht finden Sie diese in Ihrer Biographie, erinnern sich schöner, beglückender oder auch trauriger Kindheitserlebnisse, erinnern sich an Erfahrungen in und mit Natur im Verlauf Ihres Lebens.

Ich möchte Sie ermutigen, sich Ihrer ganz besonderen Beziehung zur Natur zu widmen und dabei nachzufühlen, wie es Ihnen damit geht – ob Sie zufrieden sind oder ob Sie diese Bindung, ein wichtiger Aspekt von Ökotrauer, eher als entwicklungsbedürftig erkennen und Veränderungswege einschlagen, bekannte Wege neu und anders gehen wollen. Dass Sie keine Beziehung, keine Bindung zur Erde haben, scheint mir ziemlich unwahrscheinlich, haben Sie doch dieses Buch in der Hand. Vielleicht interessiert es Sie sogar, warum Sie es eigentlich in die Hand genommen und sogar gelesen haben.

Da Körper, Seele und Geist zu uns gehören und auch beachtet sein wollen, etwas zu sagen haben,

---

[1] Grober, Nachhaltigkeit, S. 288.

sind Sie vielleicht neugierig geworden auf Ihre persönlichen Spuren von Ökotrauer, auf neue Wege. Ideen werden sich einstellen, was Sie machen, was ausprobieren könnten und wie die Wirkung Ihres veränderten Tuns sich anfühlt, Ihnen gefällt oder auch nicht. Eine Chance, Ihre Selbstwirksamkeit zu erleben.

Sie können Ihren eigenen Entwicklungsprozess mit Ökotrauer in Gang setzen, größere, kleine, zögerliche oder mutige Schritte gehen oder auch an einem bereits laufenden Prozess teilhaben. Dazu passt meine neue Erfahrung zum Thema der Coffee-to-go-Becher. Ich habe mit meinem Becher etwas recherchiert, neugierig ob der Reaktionen einige Bäckereien aufgesucht und ohne Probleme diesen Becher gefüllt gekriegt. Dabei hörte ich auch, dass dies kein Problem sei, die Bäckereien meist sogar diese Becher verkaufen und es ein aktuelles Thema in Bäckerinnung und anderen Organisationen sei. Die Becher würden sich gut verkaufen – das Problem sei, dass die Kunden sie meist zu Hause vergessen!

Gewohnheiten sind hartnäckig und lassen sich, wie gesagt, nicht so schnell vertreiben. Wichtig kann dann die Frage sein, die ich einige Zeit zu ähnlichen Zwecken in der Tasche trug: „Wer ist hier der Boss!?" Die Gewohnheit oder – ich? Ich natürlich, wie sich mehr und mehr herausstellte.

Mit diesen Seiten möchte ich Sie auch ermutigen, nach Hürden und Kontaktbarrieren, nach den Spuren der Sie eventuell bremsenden Begleiter zu suchen. Diese können sehr vielfältig und wirksam sein.

Gefühle z.B. wie Angst – ein wichtiges, notwendiges und oftmals auch hemmendes Gefühl. Angst, lächerlich gemacht zu werden, weil ich um einen Baum trauere; Angst, AußenseiterIn zu sein mit diesem Thema; Angst, in unsicher empfundenen Zeiten alleine Wege in die Natur zu unternehmen und anderes mehr. Unsicherheit und Angst gehen oft Hand in Hand. So erzählte eine Seminarteilnehmerin von ihrer Erfahrung am Tisch eines Gasthauses. Ein reges Gespräch zu tendenziell extremen politischen Themen war im Gang, alle Beteiligten waren sich einig, bis auf sie. Mutig äußerte sie sich nach einiger Zeit mit ihrer anderen Ansicht und bekam so heftigen Gegenwind, dass es sogar beängstigend für sie wurde. Beim Thema Natur und deren Schutz könnte dies ebenso ablaufen. Wie wird sie in einem ähnlichen Fall reagieren?

Schuld und Scham mögen sich einschleichen – ob eigenen Versagens, schlechten Gewissens, Tatenlosigkeit. Es gab eine Zeit in meinem Leben, in der ich Taxi- und andere Autofahrer, die mit laufendem Motor standen, angesprochen und gebeten habe, den Motor auszumachen. Meist eine erfolgreiche Bitte – vielleicht Erstaunen, auch Unwillen – Schlimmes geschah nicht. Und doch mache ich es jetzt nicht mehr, ohne zu wissen, warum. Nötig wäre es immer noch. Eigentlich sollte ich ... mal schau'n.

Weitere potentielle Hürden und Hindernisse können sein:

- Wut auf fehlendes politisches Handeln;
- Vermutung fehlender Möglichkeiten, Einfluss zu nehmen, gestalten zu können;
- biographische Hindernisse;
- ungünstige äußere , evtl. soziale Umstände;
- gesellschaftliche Einflüsse (Medien, Bildung, Kultur);
- wenig Rollenvorbilder;
- die Thematik erscheint als zu komplex;
- Gewohnheiten, Normen, der innere Schweinehund.

Dem Interesse, diese Aspekte der eigenen Praxis zu beleuchten und Antwort zu finden, dienten die vorangegangenen Seiten. Die Bedeutung und Tragweite der Thematik ist im vorliegenden Rahmen weder auf einigen Seiten einzufangen, noch ist sie mir aus fachlicher und individueller Sicht angemessen umfassend darstellbar. Es gilt Beschränkung.

So kann es hier nicht um die Verheißung eines Landes gehen, in dem Milch und Honig fließen,[1] doch ein Auszug kann schon sinnvoll sein – Auszug aus vertrauten, bequemen, vielleicht sogar lieb gewonnenen und doch sinnentleert gewordenen Gewohnheiten, die weder dem eigenen Leben noch

---

[1] Vgl. das 2. Buch Mose (Exodus) der Bibel.

dem des Planeten dienlich, ja sogar schädlich sind. Es soll im Folgenden um Ideen und Erfahrungen auf der Suche nach hilfreichen Wegen zur Wieder-Verbindung mit und Intensivierung einer Beziehung zur lebendigen Erde gehen.

ICH BESASS ES DOCH
EINMAL
WAS SO KÖSTLICH IST
DASS MAN NOCH
ZU SEINER QUAL
NIMMER ES VERGISST

Johann Wolfgang von Goethe

Diesen Goethetext fand ich vor Jahren auf der Rückseite eines Grabsteins. Lange dachte ich über dessen Sinn nach und fragte, was dieses Köstliche wohl sei.

Das Leben? Auch die Rückseite eines Grabsteins ist ein Grabstein. Ich aber lebte! Und die Rückseite dieses Grabsteins wurde in mir lebendig. Die Unschuld des Lebens? Vielleicht. Diese Antwort fand ich schließlich. Sie stimmte. Stimmt noch und ist mittlerweile ergänzungsbedürftig. Die Unschuld des Lebens – ein Geschenk, das des Respekts, der Achtung, Beachtung, der Würdigung bedarf. Die notwendige Ergänzung sagt mir, dass es auch eine Aufgabe ist. Eine Aufgabe, für das Geschenk des Lebens Verantwortung zu übernehmen, Für-Sorge.

Eindruck braucht Ausdruck – diesem Gesetz folgend, lässt Alexandra (s. S. 60) uns an ihrer Liebe zu einem Baum teilhaben – und die Kraft der Erinnerung wirkt heute noch, Jahre nach ihrer kreativen Gestaltung, ihrer Trauerarbeit – Ökotrauer.

Wie hilfreich und nachhaltig neue Lebens-, Naturerfahrungen, neue Wege sein können, mag auch das folgende Beispiel zeigen:

Geschichte

Unterwegs - 6. Klasse auf Fahrt. Eine Wanderung durch Wald und Feld führt uns an einer Wiese vorbei. Ein Junge macht mich auf das seltsame Verhalten einer Kuh auf der Weide aufmerksam. Wir informieren den Bauern.

„Ja, die kalbt; ich hole sie rein."

„Dürfen wir zuschauen?", fragen die Schülerinnen und Schüler.

„Ja, wenn ihr ganz leise seid."

Der Stall, die kalbende Kuh – und eine Gruppe von ca. zwanzig Schülern, nicht nur der besonders braven Art – mucksmäuschenstill!

Wir erleben die Geburt eines Kälbchens. Große Momente!

Wie üblich wird es kurz nach der Geburt der Mutter weggenommen und kommt in ein dick mit Heu ausgelegtes quadratisches, holzumrandetes Gitter, eine Art Laufstall. Wir stehen um dieses Gitter. Mucksmäuschenstill. Das Kälbchen versucht aufzustehen, fällt, versucht es wieder und wieder und fällt, wieder und wieder.

„Frau Häussermann, wenn es das geschafft hat, dann klatschen wir!", flüstert T.

„Nein, das dürfen wir nicht, sonst fällt es vor Schreck gleich wieder hin."

Und sie halten sich dran, alle. Das Kälbchen schafft es schließlich, der eine oder andere Handkuss, Blick zurück, wir entfernen uns. Ergriffen. Draußen klatschen und freuen wir uns lauthals und setzen schließlich unseren Weg fort.

Und dann? Dann geschah Besonderes, Unerwartetes: Ein Teil der Klasse aß monatelang kein Fleisch mehr.

Ein unvergessliches Erlebnis. Eine Begegnung mit dem Leben selbst – eine Erfahrung liebevoller Beziehung, die verändert.

Geschichte

„Beton im Kopf" nennt der Journalist einen ausführlichen Bericht über aktuelle Entwicklungen in der Türkei: „Wenn man nur genügsam genug ist, schenkt die Natur reichlich", beginnt er seine Schilderung, in der er R.O. (57 J.) vorstellt in ihrer Heimat im Hinterland der Schwarzmeerküste. Hier, in diesem „Naturspektakel", lebt und arbeitet sie seit ihrer Geburt, „wollte immer nur ihre Ruhe haben." Die solle ihr jetzt genommen werden. Es soll die Bergwelt entlang der Schwarzmeerküste für Touristen erschlossen werden, wozu Straßen, Hotels, Lifte, Erlebniszentren u.ä. gehören, dazu auch ein „Grüne Straße" genanntes Projekt von 2.600 km Länge. Albtraum für R.O., die sich mit diesen Plänen und deren Folgen für ihre Heimat nicht abfinden will. Nun ist sie „nicht mehr nur eine einfache Bäuerin, sie ist inzwischen auch so etwas wie eine Aktivistin." Sie hat damit dem Protest ein Gesicht gegeben, wolle „sich aus ihrem Paradies nicht so leicht vertreiben lassen."[1]

---

[1] Süddeutsche Zeitung vom 10/11.10.2015, S. 11.

Dies zeigt: Liebe hilft, Liebe gibt Energie und Mut, Gefährdete Beziehung löst Trauer aus – Ökotrauer.

„Liebe wird die Erde retten."[1]

Naomi Klein berichtet von ähnlichen Situationen in den USA und heftigen Widerständen, z.B. gegen Infrastrukturprojekte für fossile Brennstoffe und eine dafür benötigte Pipeline für Öltanker. Es ging den Protestierenden „nicht in erster Linie um Wut und Hass. Es ging ihnen um Liebe zu ihrem atemberaubend schönen Fleck der Erde."[2]

„Nicht der Hass oder die Wut gegen die Kohle-Konzerne wird diese Gegend retten, sondern die Liebe. […] Die Rohstoffunternehmen und ihre Fürsprecher neigen dazu, die Macht dieser glühenden Liebe zu unterschätzen, eben weil sie mit keinem Geld der Welt auszulöschen ist."[3]

Wie mögen die Kämpfe um die Erlaubnis von Fracking in unseren Regionen ausgehen?

---

[1] Naomi Klein, Entscheidung, S. 407 ff – ein Kapitel ihres umfangreichen Werkes.
[2] Klein, Entscheidung, S. 412.
[3] Klein, Entscheidung, S. 413f.

Natur ist oft eine wertvolle, zum Teil die größte **Ressource**, die ein trauernder Mensch kennt. Von einem Beispiel erzählte ich bereits (s. S. 24f). Wie wichtig und sinnvoll es ist, diese wertvolle Ressource zu schützen, können wir wissen und zeigt auch folgendes Beispiel: „Ich bin froh, dass die große Hitze vorbei ist", erzählte mir eine Frau in der Begleitung am Ende des großen Sommers 2015. „Ich muss raus, ich will wandern, wandern tut mir gut. In der Bewegung sein draußen, da kommt auch in mir etwas in Bewegung." Heilendes geschieht.

Ein Prozess, den ich selbst sehr gut kenne. Im Chaos von Gefühlen, Gedanken, Zweifeln renne ich los, bewusstlos fast, renne, gehe – und bleibe oft erst nach langer Zeit überrascht stehen. Wo bin ich überhaupt? Ich schaue mich um, weiß und spüre: Es ist gut. Etwas hat sich gesetzt, das Chaos geklärt – wie immer es weiter geht, es wird weiter gehen. Dankbar schaue ich mich um, kehre gestärkt zurück. Ohne glückende, hilfreiche Erfahrungen im Außen entstehen auch kaum Bedürfnisse danach, entsteht kaum neue Beziehung und damit im Fall gefährdeter Umwelt Ökotrauer.

Auf ähnlich heilsame Erfahrungen, auf **Natur als Ressource**, weist in anschaulichen Beispielen auch die Therapeutin Luise Reddemann hin.[1] Eingebettet

---

[1] Luise Reddemann: Überlebenskunst. Hilfe aus eigener Kraft, Stuttgart 2006, S. 157ff.

in Erkenntnisse der Resilienzforschung (Resilienz: seelische Widerstandskraft) fragt sie: „Wie schaffen Menschen es, trotz großer Belastungen gesund zu bleiben? Was tun seelisch gesunde Individuen, das weniger Gesunde von ihnen lernen können?", und sie erkundet am Beispiel von Johann Sebastian Bach dessen diesbezügliche Strategien. [1] „Gemeinschaft" entfaltet sie dabei als wichtigen Resilienzfaktor.

Es sei wichtig, uns als „zugehörig" erleben zu können. – „So könne man sagen, dass die Erfahrung, von einer Gemeinschaft getragen zu sein, also Wurzeln zu haben, es uns ermöglicht, Flügel zu entwickeln, ein scheinbares Paradox, um das viele spirituelle Traditionen wissen."[2]

Ein Impuls vielleicht, uns wieder oder verstärkt der Gemeinschaft mit der Erde zu nähern, dem Ursprung des Lebens. Zu ihr gehören wir, seit wir auf dieser Erde leben. Von Anbeginn gehören wir zu dieser Gemeinschaft. Was machen wir daraus?

Wie können wir die Ergebnisse der Resilienzforschung für Ökotrauer nützen? Anschließend an das obige Zitat zeigt uns die Betonung der Gemeinschaft deren Wichtigkeit und hilfreiche Unterstützung. Dies ist sowohl in den großen sozialen und politisch erfolgreichen Bewegungen (wie beispielhaft erwähnt die Emanzipationsbewegung und

---

[1] Reddemann, Überlebenskunst, S. 52 f.
[2] Reddemann, Überlebenskunst, S. 79.

Sklavenbefreiung, wie auch der Aufbruch des Arabischen Frühlings und von Occupy Wallstreet) zu erkennen, wie im Kleinen auch in Demonstrationen und beispielhaft in der erwähnten Kampagne gegen die Versenkung der Ölplattform Brent Spar. Im Sinn von Ökotrauer zeigen die Sammlung von Unterschriften, Protestaktionen im Namen ökologischer Ziele, z.B. gegen die Abholzung des Hambacher Forstes, dass viele Menschen viel, zumindest eher viel bewegen können als der Einzelne. Hinzu mag sich der Schutz der Gemeinschaft und die Freude am gemeinsamen Tun gesellen.

Resilienz propagiert, ein Problem nicht als solches, als „Problem" zu benennen, sondern als „Herausforderung". Dies erzeugt eine andere Energie und ist auch geeignet, die/den EinzelneN im krisenlösenden Verhalten zu unterstützen. Im Sinne von Ökotrauer kann dies eine sehr aktivierende Funktion haben – statt schnell aufzugeben ob der Größe einer Problematik oder des inneren Widerstands, z.B. aus Sorge lächerlich zu wirken, werde ich mich eher aufmachen zur Verteidigung meiner Überzeugung, mit dieser Energie anders auftreten und damit eher Erfolg haben.

„Arbeitsplatzverlust, Zukunftsangst" – Erfahrungen dieser Art machen anfällig für den „Sirenengesang aller gesellschaftlichen Macht, die Ruhe, Sicherheit und Ordnung verspricht und dafür unsere Lebendigkeit und **Lebenskraft als Tribut** verlangt. Im ‚Tausch' gegen Lebendigkeit bietet sie uns Surrogate wie Erfolg, Geld, Status, Sicherheit oder Besitz. Wir bezahlen dafür mit der Erstarrung unserer Lebenskräfte."[1]

Dieser „Sirenengesang" ist geeignet, sich mit dem Aggressor zu verbünden – Ökotrauer hat dann wohl wenig Chance, ist sie doch am Leben orientiert. Die Erstarrung von Lebenskräften gefährdet die Beziehung zur lebendigen Erde. Eine besondere Situation von Ökotrauer, falls ich meine eigene Gefährdung erkenne.

Diesen Zusammenhang zu wissen, wird kaum davor schützen, auch hin und wieder darauf hereinzufallen. Doch sind wir lernfähig, Wer gesündere Wege aus Trauer und Not kennt, wird es schaffen, sie zu gehen, dann und wann jedenfalls, mehr und mehr vielleicht.

Trauer als Reaktion auf die Erfahrung einer ehemals wertvollen und uns nun entschwundenen, entrissenen, zerstörten Beziehung gilt eben, was immer wieder eine Erinnerung wert ist, nicht nur für den Verlust von Menschen, sondern auch für den Verlust „natürlicher" Bindungserfahrungen.

Verändertes Fühlen, Wissen und Tun aus der Erfahrung des Verlustes werden ihr folgen und die Wertschätzung des Verlorenen unterstreichen. Wehmut. Es war einmal...

---

[1] Gösken, Verwandlungen, S. 27.

Dies zeigt sich immer wieder im Zusammenhang mit dem Verlust von Tieren, die vielleicht das Leben Einzelner oder einer Familie lange Zeit begleitet haben und wichtige Mitglieder dieser Familie waren.

Geschichte
Die Teilnehmerin einer Fortbildung trauerte sehr um den Verlust ihrer geliebten Katze und erntete immer wieder Unverständnis in ihrer Umgebung und Tipps, für sie schmerzhafte Tipps voller Unverständnis: „Hol dir doch ne andere Katze!"

Auch die Welt der Tiere gehört zum Leben der Natur, Artensterben ein Auslöser immer wieder für Ökotrauer.

Leibhaftige Erfahrungen sind der Königsweg zum Gefühl! Eventuell ist in der Gegenwart die Inszenierung von Naturerfahrungen sinnvoll, um ihnen auf diesem Weg zu begegnen. Eine Chance, ihr Potential an Kraft und Energie zu entdecken, zu erkennen und zu respektieren – eine neue Beziehung kann beginnen.

Viele Wege führen nach Rom, lautet eine Redensart. Und sicher führen nicht nur „leibhaftige" Naturerfahrungen zu neuen, gestärkten Beziehungen. Auch **Bilder, Texte, Informationen verschiedener Medien** sind Wege, den Schönheiten, Besonderheiten der Umwelt näher zu kommen, ihre heilsamen Wirkungen zu spüren, sich Ideen, Kraft und Zuversicht zu holen. Alle diese Möglichkeiten sind Angebote, die uns da und dort „über den Weg laufen", sich uns zeigen – deren Wirkung dann von unserer Reaktion abhängt. Nähern wir uns? Reagieren unsere Sinne – Augen, Ohren, Nase – Haut? Haben wir Zeit? Ein wenig vielleicht? So können neue Wege beginnen.

Als Beispiel mögen folgende Bilder gelten.

Ein kraftvoller **Baum mit zwei Bruchstellen**, durch die er einen Teil seiner Gestalt verloren hat. Anschaulich zeigt mir das Foto die unterschiedliche Wirkung von Natur und Technik.

Einmal ist der Ast abgesägt, ein glatter, sauberer Schnitt. Spricht er die Sinne an? Weckt er irgendwelche Emotionen? Was löst er aus?

Zum anderen gibt es einen natürlichen Astbruch – zerfranst, nackt, ohne Rinde, fast kann ich das Brechen/Splittern hören. Eine Geschichte entsteht in mir, wie dieser Bruch geschah. Rieche ich Holz?

Unterwegs, ein anderes Mal, werde ich ähnlichen, realen Bildern neugieriger, aufmerksamer begegnen.

Das Löwenzahnbild gibt Kraft. Betonboden, ein gewaltiger Begrenzungsstein, ein unübersehbares Verbotszeichen – und trotz alledem: Wie unbeeindruckt schiebt sich davor ein **kraftvoller Löwenzahn** ins Licht, ins Leben. Das kann Mut machen, Kraft geben! Es tut mir gut und ich reagierte sicher mit Ökotrauer, käme ein Platzbeauftragter und würde diesen hier nicht hin gehörenden, nicht erlaubten Löwenzahn beseitigen und Ordnung schaffen.

Bilder eröffnen die Chance, uns meditativ zu versenken, uns ihrer symbolischen Bedeutung zu bedienen und so eventuell zu hilfreichen, erhellenden Antworten zu kommen. Am Beispiel unserer zwei Bilder: Gibt es Brüche in meinem Leben? Wie sind sie entstanden und wie habe ich mit ihnen weiter gelebt ... Und: Was gibt mir Kraft? Kenne ich Situationen, in denen ich mich durchsetzte, wider allen Gegenwind, alle Verbote?

Kreatives Arbeiten ist gerade beim Thema Natur naheliegend, ist sie selbst doch voller Symbole, die wir anschaulich nutzen können und die auch ganz konkret künstlerisch gestaltet werden.

„Massentierhaltung. Das unnötige Leiden der Hühner und Schweine" thematisiert, wie grausam Tiere oft – legal und illegal – gehalten werden.[1]

Darüber berichten Zeitungen, TV-Sendungen, Medien verschiedener Art immer wieder. **Bilder wirken**, wirken mehr als Worte, lösen andere Reaktionen aus.

„Genügt das?", fragt Michael Pauli, Kommunikationschef von Greenpeace Deutschland. [2] „Was könnte Sie dazu veranlassen, auf Fleisch zu verzich-

---

[1] Der SPIEGEL 9/2015, S. 48 ff
[2] Greenpeace-Nachrichten 2/2013.

ten oder Ihren Konsum ... einzuschränken?" Er vermutet, dass erst Details der „Übelsten, industriell perfektionierten Quälereien" zur Einleitung eines Verhaltenswandels geeignet seien. Mag sein. Bei anderen Menschen lösen diese Bilder eher Trotz aus oder, wie ich auch von Menschen weiß, sie schalten ab, vermeiden den Anblick.

Herr Pauli berichtet beispielhaft und fragt: „Was und wie viel muss man wissen, damit man etwas ändert?" Eine interessante Frage – geeignet, um in eigenen Verhaltensweisen und Lebenszeiten zu forschen.

Jeder könne die Welt verändern.

Von der Kraft der Bilder erzähle auch die Gründungsgeschichte von Greenpeace. Eine Erfolgsgeschichte! Auch kraft der Bilder, die informieren und Emotionen wecken – damit Beziehungen schaffen.

Paulis Fragen und Folgerungen sind auch Thema dieser Suche nach den Bedingungen von Ökotrauer. Denn um Verhaltenswandel geht es dabei und darum, was diesen unterstützen kann, um einen Wandel im Verhalten zu Mit- und Umwelt, damit der Beziehung zur Erde.

Dass Bilder und genaues Hinschauen andere Gefühle auslösen als die Beschreibung eines Tatbestandes, ist leicht einsehbar. Diese kann zwar innere Bilder auslösen, doch vermutlich je nach Person in unterschiedlicher Deutlichkeit und Intensität. Beide genannten Bilder zeigen diesen Sachverhalt. Das Baumbild ist auch geeignet, bei Betrachtung der

Schnittstelle die emotional einebnende Wirkung von Technik erkennen zu lassen. Ein sauberer Schnitt – was löst er aus?

Technik ist ein wesentlicher, wichtiger und hilfreicher Bestandteil unserer Lebenswelt. Und doch: Je mehr Technik Natur ablöst, desto mehr besteht auch die Gefahr emotionaler Verarmung. Die Gefahr ist, dass wir die Erde immer weniger spüren. Ein lichtinszeniertes Kaminfeuer wärmt nicht und ein inneres Feuer wird es auch kaum auslösen. Um zu sehen, wie das Wetter wird, wurde mir erzählt, schauen Menschen – natürlich nicht alle – zunehmend in die Wetter-App statt in den Himmel.

Technische Entwicklungen und Fortschritt haben auch einen Januskopf. Je mehr wir Technik unser Leben gestalten, vereinfachen, organisieren und bestimmen lassen, desto mehr Wissen, desto mehr Autonomie geht verloren, desto abhängiger werden wir.

Handys, Sportuhren und andere technische Experten vermessen den Körper, bewachen und kontrollieren den Schlaf und sagen dem Läufer, wann er zu schnell oder zu langsam ist. Selbst braucht er das nicht mehr zu fühlen. So verlieren sich Fähigkeiten, Fertigkeiten, ändert sich das emotionale Rüstzeug unseres Selbst, werden wir technikverliebt abhängig. Jede Leserin, jeder Leser wird entscheiden, ob dies auf die eigene Person zutrifft oder nur als ein Trend wahrzunehmen ist.

„Legt doch mal das Ding weg! Wie man ein Smartphone beherrscht und Ruhe findet", titelt der Spiegel.[1]

Ruhe – Auszeit – Zeit vielleicht für einen Schritt vor die Tür, in den Himmel schauen ... So einfach könnte es sein. So einfach hört es sich an und scheint doch so einfach nicht zu sein. Der Artikel spricht von „Einblicken in die täglichen Schlachten deutscher Familien."[2] Wie der Text im Folgenden zeigt, geht es bei diesem Thema nicht nur um das Verhalten von Kindern. Spätestens die Pokemon-welle zeigte, wie schnell und leicht auch Erwachsene sich Lockruf und Belohnung einer ihnen fremden Firma, eines anonymen Auftraggebers unterwerfen und wie blind durch die Realität laufen. Manipuliert.

Alltagsprobleme und -fragen: PC, Navi, Handy, Mixer, sie und ihre technischen Geschwister werden häufig unsere Probleme lösen. Wie gut und hilfreich! Sind sie defekt, können wir sie reparieren lassen oder wegwerfen. Das liegt sogar nahe, denn die neuen Produkte sind inzwischen sowieso viel besser geworden ... So binden wir uns zwar auch an technische Geräte, die uns oftmals das Leben erleichtern. Doch es ist eine Bindung an deren Funktion. An den Gebrauchswert. Vorübergehend. Austauschbar. Wegwerfen! Wer einmal die Berge entsorgter Tech-

---

[1] Der SPIEGEL, 32/2016.
[2] Der SPIEGEL 9/2015, S. 52.

nik in entsprechenden Beseitigungsfirmen gesehen hat, war vielleicht nicht nur verwundert, sondern auch erschrocken.

Was hat das alles mit Ökotrauer zu tun?
Viel. Denn so hilft die „Wegwerfgesellschaft" wieder einmal der Ökonomie und schadet der Ökologie. Das kann schon nachdenklich und traurig machen.

„Unser Wirtschaftssystem und unser Planetensystem befinden sich miteinander im Krieg. Oder genauer gesagt, unsere Wirtschaft steht mit vielen Lebensformen auf der Erde im Krieg, darunter auch dem Menschen. Was unser Klima braucht, um nicht zu kollabieren, ist ein Rückgang des Ressourcenverbrauchs durch den Menschen, was unser Wirtschaftsmodell fordert, um nicht zu kollabieren, ist ungehinderte Expansion. Nur eines dieser Regelsysteme lässt sich verändern, und das sind nicht die Naturgesetze."[1]

Das Wissen um dieses Gegensatzpaar und unsere Einflussmöglichkeiten könnte allerdings auch für eigene Einstellungen und Verhaltensmuster sensibilisieren und neue Wege überlegen, Schritte in Neuland einüben helfen.

---

[1] Klein, Entscheidung, S. 21f.

Je mehr, allgemein gesehen, machbar ist, desto mehr stärkt sich das Gefühl von Machbarkeit. So reduziert sich der Wert der „Dinge", breiten sich Nachlässigkeiten aus. Vieles ist machbar, sogar der Mensch ist reparierbar, Tiere lassen sich doubeln, angezündete Abfalleimer werden ersetzt, Müll fallen gelassen, wo es gerade passt. Aus dem Blick geraten mag dabei, dass Müll aufgehoben und Abfalleimer ersetzt werden können. Doch unser Trinkwasser? Die Atemluft?

Bewusstlose und mutwillige Zerstörungen der Erde, unserer Lebensgrundlagen rächen sich. Darum geht es hier, nicht um Technikfeindlichkeit oder ähnliches.

Wir haben nur diese eine Erde – darum geht es. Ohne sie können wir nicht leben. Und doch scheint die industrielle Machbarkeit im Namen ökonomischen Mehrwerts oft mehr zu zählen als die Verantwortung gegenüber Mensch, Tier, Pflanze, Erde. Grund zu existentieller Trauer. Trauer um so viel getötetes Leben!

Bewusstsein, bewusstes Sein kann uns helfen, diese Entwicklung zu erkennen, zu spüren und lebensfreundliche Prozesse einzuleiten. Denn zwischen Umweltverschmutzung, Gefährdung des Lebens und zum Beispiel Ausbeutung menschlicher Arbeitskraft bestehen Zusammenhänge. Menschenleben sind nicht austauschbar wie Waschmaschinen, CO_2-Emissionen und deren schädigende Folgen nicht einzufangen. Sie sind unumkehrbar.

„Klimaschuld" zu entfalten und anzuklagen, ist hier nicht der Platz. Eine Ausgangsfrage für diese Seiten war, dass wir so viel über die Zerstörung der Erde und deren Folgen wissen und warum sich trotzdem so wenig ändert. Frage und Hoffnung bleiben, dass Trauer als Verlust- und Wandlungsenergie – hier als Ökotrauer – hilfreich sein kann, daran etwas zu ändern. Denn darum geht es ja: anders zu denken, deutlich anders – und es geht darum, die Sinne nicht zu vernachlässigen, sondern engagiert und interessiert zu aktivieren, damit entstehen deutlicheres Fühlen, vermehrte Wahrnehmungen. Es geht um neues, verändertes Tun.

Denken, Fühlen und Tun – mit Kopf, Herz und Hand Leben zu stärken, zu unterstützen und damit „der Erde eine Stimme (zu) geben, eine alte Beziehung neu (zu) wagen"[1], dem Leben und dessen Gefährdung, Vergänglichkeit und Schönheit näher zu kommen – im Umarmen eines Baumes auch die Schöpfung zu umarmen – das könnten lohnende Ziele sein.

Es geht darum Leben zu retten, statt zu zerstören – überall dort, wo es in unserer Macht steht – vielleicht haben wir sogar mehr Macht als wir denken – und uns der Schönheit und Fülle zu erfreuen und deren natürliche wie auch mutwillige Vergänglich-

---

[1] Amei Helm: Der Erde eine Stimme geben, eine alte Beziehung neu wagen, Braunschweig 2006.

keit zu betrauern. Ökotrauer. Auch hier geht es wie bei allen Wunden um Heilung.

Mit Ermutigung begann dieses Kapitel – mit Ermutigung zur Spurensuche nach den eigenen Zugängen und Verhaltensweisen in Beziehung zu Natur und Umwelt. Viele Beispiele ließen Sie vielleicht fündig werden nach Spuren, denen Sie nachgehen wollen. Ob sich dies jeweils lohnt, kann meist nicht die Theorie, jedoch die Praxis zeigen. Probieren geht über Studieren!

Trauerarbeit und Wandlung –
ins Handeln kommen

Wurzeln

Wurzeln
Werke des Waldes
knorriger Wuchs
aus Erde gewachsen
des Stammes
schartige Rinde
bis in
die Weite des Blaus
windschiefer
Widerstand
     Eva Borgmann

Der Baum ist in die Tat gekommen. Die alte Haltung passte wohl nicht mehr – zu wenig Platz, zu wenig Licht, zu wenig Aussicht. Also verändern, Widerstand leisten, windschief reicht. Die Wurzeln werden ihn weiter nähren, die Erde ihn tragen, die Rinde schützen und seine Figur: unverwechselbar. Und dann die Aussicht ...

Er könnte sogar dort stehen als nachahmenswertes Beispiel – auf jeden Fall als Hinweis auf Selbstheilungskräfte, die nicht nur Bäumen, sondern auch uns Menschen zur Verfügung stehen. Sie zu unterstützen heißt auch, in die Tat, ins Handeln zu kommen.

Trauer als unsere Reaktion auf diverse Verluste, die uns treffen und mit denen wir umzugehen haben, ist, wie dargestellt, zugleich unsere Wandlungsenergie, die auffordert, neue Lebenswege zu gehen, zu suchen, zu finden.

Wunden der Erde – davon handelt Ökotrauer. Da sie wie Trauer allgemein primär als Folge eines subjektiv bedeutsamen Verlustes auftritt, dessen Intensität neben anderen Variablen (wie biografische Erfahrungen, Temperament, gelernte Einstellungen und Verhaltensweisen, Lebensumstände) auch die Intensität des Trauererlebens beeinflusst, stellt sich die Frage: Welcher Verlust löst Ökotrauer aus? Eine Frage, die nur in Ansätzen beantwortet werden kann – zu unterschiedlich sind wir Menschen.

„Die Erde ist in Bedrängnis und ruft nach uns", signalisiere uns mit vielfachen, heftigen Naturkatastrophen, „wie extrem sie sich mittlerweile im Ungleichgewicht befindet."[1] Mit diesen einleitenden Worten benennt das Werk „Spirituelle Ökologie – der Ruf der Erde" einen Tatbestand, den wir aus sich mehrenden Informationen diverser Medien kennen – Wunden der Erde. Ökotrauer als Reaktion läge nahe, sind wir doch alle Teil dieses Systems Erde, sind nicht singuläre Außenseiter. Als Teil dieser Erde, dieses Lebenssystems betreffen Gefährdungen und Zerstörungen mithin auch uns, sind

---

[1] Lldwellyn Vaughan-Lee (Hg.): Spirituelle Ökologie. Der Ruf der Erde, Saarbrücken 2015, S. 7.

Verluste an Gesundheit, Sicherheit, Lebensqualität. Und doch so wenig, eher keine Trauer.

Zahlreiche Ursachen dafür sind bereits dargestellt. Die wichtigste Erkenntnis meiner Spurensuche lautet: Es geht um Bindung, um Beziehung, um Liebe. Wozu ich keine oder kaum Bindung habe, werde ich im Falle eines Verlustes auch nicht trauern. Was ich aber liebe, das pflege und schütze ich.

Wunden der Erde heilen – wie geht das? Hilfreiche Medizin ist sicher ein Interesse, die Wunden tatsächlich wahr- und darauf handelnd Einfluss zu nehmen, ist eben die Liebe, ist eine neue, intensivierte Beziehung zur Erde und ihren lebendigen Geschöpfen.

Was kann uns dabei unterstützen, ins Handeln zu kommen?

„Eindruck braucht Ausdruck" ist bereits an anderer Stelle zu lesen. **Kreativer Ausdruck** kann unsere Trauerprozesse wesentlich unterstützen, Prozesse und Bezogenheit, Informationen aus unserem Unbewussten sichtbar machen. Äußere und innere Bilder offenbaren Teilhabe, können Entscheidungshilfen, Hinweise auf Trostaspekte mehren und sein.

Kinder können uns darin Vorbilder sein. Deren primäres Interesse ist im Allgemeinen nicht Sprechen, sondern Tun. Mit ihren kreativen Ideen haben sie mich oft überrascht und herausgefordert. Wenn eine kleine Siebenjährige, deren Bruder starb, in ihrer Trauer nur durch ihre Puppe mit mir spricht, bin ich sehr herausgefordert, zumal sie mir nicht erlaubt, ebenfalls durch eine Puppe oder einen Bären zu sprechen. Es gibt noch mehrere deutliche Beispiele, die mir alle zeigen, wenn wir uns der Herausforderung stellen, fällt uns schon was ein, gewinnen wir Vertrauen in unsere eigene Kreativität. Und diese können wir beim Umgang mit Ökotrauer gut gebrauchen – gibt es doch keine Vorbilder, keine Spielanweisungen – aber es gibt unser kreatives Potential, das sich dann entfalten kann.

Für Erwachsene ist Sprache häufig die primäre Ausdrucksform. Wie wichtig deren Metaphern (Sprachbilder), Bedeutung und Mitbedeutung sind, mag das Gedicht „Unaufhaltsam" von Hilde Domin veranschaulichen, in dem sie Worte mit Federn vergleicht, von „schwarzen" Worten und Worten mit „bunten Federn" spricht und deren unterschiedliche Bedeutung und Wirkung benennt. Wie bereits an anderer Stelle wird auch hier die Wirkung von Naturbildern als Sprachbilder deutlich. Auch diese Erkenntnismöglichkeit steht uns zur Verfügung. Schreiben!

Lebhaft im Gedächtnis ist mir ein Erlebnis, durch das ich viel über die Wirkung von Wörtern und die Wichtigkeit gelernt habe, mich genau auszudrücken, wenn ich verstanden werden will.

Geschichte

An der VHS einer benachbarten Stadt bot ich einen Infoabend zum Thema „Tiefenökologie" (s. S. 94) an. Kurz vor dessen Zustandekommen rief mich die Sachbearbeiterin an und fragte: „Frau Häussermann, Tiefenökologie! Was machen Sie da eigentlich? Kümmern Sie sich um das Kanalsystem?"

Spontanem Lachen folgte auf dem Fuß die Erkenntnis meines schlampigen Denkens. Interessant scheint mir auch, wie ein bekannter Wortteil (Tiefen) sich als Erklärung anbot.

Sprache kann und wird häufig auch bewusst für Manipulationen verschiedenster Art gebraucht. So ist leicht erkennbar, dass die mit ihr transportierten Gefühle andere sind, wenn ich davon spreche, dass eine „Flut von Flüchtlingen" auf uns zukommt oder

„eine Gruppe von Flüchtlingen" unterwegs ist zu uns.

„Warum haben wir Menschen, die wir uns als Krone der Schöpfung fühlen, noch nicht zu einer Lebensweise gefunden, in der wir uns als ein Teil der Natur begreifen, und – statt sie uns untertan zu machen – noch nicht gelernt, ihren ganzen schöpferischen Reichtum mit unserem Verstand zu begreifen und ihre Schönheit mit all unseren Sinnen zu genießen?"[1]

Im Zusammenhang mit Sprache ist hier „Krone der Schöpfung" interessant, die deutlich verrät, dass es bei den Menschen nicht um einen „Faden im Gewebe des Lebens" gehe, wie ein alter Mythos (vgl. S. 95) dies bezeichnet.

Eine Antwort auf die Frage könnte sein: Hierzu wäre es eben nötig, „die Krone" abzugeben – und wer gibt schon gern die Krone ab?

Bezogen auf Sprache und ihre Konnotationen (Mitbedeutungen): „Demut" wäre für einen Verhaltens- und Einstellungswechsel nötig, die Einordnung in einen übergeordneten Bedeutungszusammenhang, anstatt sich „untertan zu machen". In religiösen Zusammenhängen hat „Demut", „demütig sein" jedoch häufiger den Beiklang von Unterordnung, sogar von „devot sein". Devot sein, freiwillig, in unse-

---

[1] Peter Pachnicke (Hg.): Wunder der Natur, Kat. Gasometer Oberhausen, Essen 2016, S. 8.

rer Zeit? Diese unterschiedlichen Bedeutungen dürften in ihrem Gebrauch sehr unterschiedliche Folgen haben und kaum geeignet sein, Beziehung und Bindung aufzusuchen, einzugehen. Zum Schaden unseres Verhältnisses zur Erde. Ein Fall von Ökotrauer.

Der Stellenwert von Natur als heilsame, hilfreiche Begleiterin steht uns von Anfang bis Ende unseres Lebens zur Verfügung, kann somit auch im Sterbeprozess ein wichtiges Element sein, wie folgendes Beispiel zeigen mag:

Geschichte

In den letzten Tagen der Begleitung, kurz vor dem Tod fragte ich die sterbende Frau auf der Palliativstation, ob sie religiös sei.

„Nein", meinte sie. „Aber ich denke schon, dass es weiter geht. Ich gehe zu den Wassern."

„Zu den Wassern?"

Wir hatten ein wichtiges Thema gefunden. Im Austausch über diese Wasser entwickelte sie ihre Zukunftsvision, die sie in die Anderwelt begleitete.

Wir leben und sterben in Bildern. Wortbilder. Heilsame Bilder aus der Natur.

Zurück zu **Tiefenökologie**. Bei ihr geht es, sehr verkürzt dargestellt, nicht nur um ein neues Wort, es geht um neues Denken, ein neues Welterklärungsmuster (Paradigma), ein neues Bewusstsein. Ein neues Weltbild, neu und uralt, verschüttet im Lauf der Geschichte. Es geht um das Bild der Erde als „Netzwerk", als lebendiger Organismus, in dem alles miteinander verbunden und voneinander abhängig ist. Jedem Lebewesen kommt darin sein Eigenwert zu. Systemisches Denken! Das noch herrschende Weltbild ist das eines Uhrwerks. Priorität hat die Erforschung der Naturgesetze, haben Messen, Zählen, Wiegen, geht es um alles empirisch, mengenmäßig Erfahrbare, um Quantität.

Die Vorstellung von Natur als lebendiger Organismus (Mutter Erde) verschwand und damit auch Klang, Duft, Geist, Gefühle ... Der Wert der Natur ergibt sich somit aus ihrem ökonomischen Nutzen für den Menschen. Ökonomie statt Ökologie.

Die Kultur des „Mehr", das Primat der Quantität, stützt die herrschende Ideologie der Ökonomie. Und verliert doch da und dort an Glaubwürdigkeit. Wachstum als Gütezeichen? Und Krebs? Essstörungen? Verwüstung von Landschaften, auf denen trotz immer neu entwickelter Spritzmittel kaum mehr etwas wachsen will? Wachstum geht in alle Richtungen los ... Das große Ganze kommt nun – zaghaft vielleicht – doch immerhin wieder in den Blick; das neue Muster der Erde, das Netzwerk, ist ein systemisches Bild der Welt.

Der Mensch ist darin, wie erwähnt, ein Teil des Netzwerks, ein „Faden im Gewebe des Lebens" (so dieser alte Mythos), ein Faden unter vielen. Anders als andere, doch nicht mehr oder weniger, nicht besser oder schlechter. Anders. Dies erleichtert und unterstützt eine veränderte, intensivere Bindung an unsere Umwelt, verändert Bewusstsein.

Es geht nun um Qualität (statt Quantität) und es geht um gemeinsame Macht (Synergie). Die Wichtigkeit des Einzelnen ist gestärkt. Alles ist verbunden im System des Lebens. Die resignierende Einstellung, dass der Einzelne ja doch nichts machen könne, wird damit hinfällig. Dies könnte physikalisch erklärt werden, doch anschaulicher auch mit dem Beispiel einer Freundin: Stell Dir vor, Du stehst am Ufer eines Sees, dessen Wasseroberfläche ganz ruhig ist. Nimm einen Stein und wirf ihn hinein. Schau, was Du erreicht hast – Ringe um Ringe … angefangen, geht es weiter...

Begreifen wir die Natur nicht mehr als etwas uns Gegenüberstehendes, sondern als etwas, in das wir eingebettet sind, wird dies unser Verhältnis zu ihr grundlegend ändern. Es geht dann nicht mehr um „Umwelt", sondern es geht um „Mitwelt" – von der Beherrschung und Ausbeutung der Erde zum Dialog und zur Zusammenarbeit. Von Distanz zu Verbundenheit – mehr oder weniger sicher, es geht schließlich um einen Lernprozess. Und es geht damit bei Verlust um Ökotrauer! Denn alles, was der

Erde geschieht, geschieht auch uns als einem der Fäden in ihrem Gewebe.

„Wir sind in einer Zeit des Übergangs".[1]

Es gilt, ein überholtes Weltbild versinken zu lassen, eine neue Weltanschauung zu entwickeln. Aufgaben eines Trauerweges. Abschied und Neubeginn! Wie lange haben wir noch Zeit?

Eine Befragung junger Menschen über ihre Ängste ergab, dass große politische Themen ganz oben stehen. Terror und Umweltverschmutzung – „vor allem die Belastung von Trinkwasser und anderen Ressourcen".[2] Wie sinnvoll – es ist ihre Zukunft!

Möglicherweise ist das Hauptproblem wirksamen Wandels das Gelingen einer „Machtverschiebung ... von den großen Konzernen hin zu Gemeinschaften." „Es geht um einen Weckruf für die Zivilisation." Eine machtvolle Botschaft – überbracht in der Sprache von Feuern, Überschwemmungen, Dürren und Artensterben – „die uns sagt, dass wir ein neues Wirtschaftsmodell brauchen und eine neue Art, die Erde miteinander zu teilen, dass wir uns weiter entwickeln müssen."[3]

[1] Grober, Nachhaltigkeit, S. 287.
[2] Shell Deutschland (Hg.): Jugend 2015. 17. Shell Jugendstudie, Frankfurt am Main 2015.
[3] Klein, Entscheidung, S. 38.

Die Dinge wieder im Zusammenhang begreifen, darum geht es. Es geht um uns, es geht um das große Ganze, es geht um die Wiederverbindung mit der lebendigen Erde. „Du bist zeitlebens für das verantwortlich, was du dir vertraut gemacht hast. Du bist für deine Rose verantwortlich ...“[1] Wir für die Erde. In Verbindung mit ihr sind wir auch in der einen oder anderen Form mit all ihren Wunden verbunden. Ökotrauer! Diese Basis unseres Handelns gibt Orientierung. Unterwegs auf neuen Lebenswegen, immer wieder im Wandel der „Gezeiten“, begegnen wir Freude und Trauer, sind mitten im Leben. Wunden können und dürfen heilen. Wunden der Erde.

„Wir müssen das Weinen der Erde wieder in uns hören“, sagt und schreibt der Buddhist Thich Nhat Hanh.[2]

Ökotrauer. Dies wird uns nur gelingen, wenn wir in Beziehung mit der Erde sind.

So sind wir alle gefragt, uns von Fall zu Fall zu entscheiden: Wo stehe ich, was will ich unterstützen? Ökonomie oder Ökologie? Wir alle sind zuständig, wirk-mächtig und können dies erkennen, indem wir Schritte wagen. Schritte auf neuen Wegen. Indem

---

[1] Antoine de Saint-Exupery: Der kleine Prinz, Düsseldorf 2008, S. 65, 95.
[2] In. John Seed/Joanna Macy/Pat Fleming/Arne Naess: Denken wie ein Berg. Tiefe Ökologie: Die Konferenz des Lebens. Ausgabe zu internen Schulungszwecken der Gesellschaft für angewandte Tiefenökologie 1988, S. 17.

wir Kontakte aufnehmen, uns verbinden mit Gleichgesinnten, Neues erproben, uns überraschen lassen. Uns konfrontieren mit Umweltsünden, Ungeheuerlichkeiten, sogar unbequem werden, was eingebunden in einer Gruppe leichter durchzusetzen ist, indem wir Natur mit allen Sinnen erkunden – neugierig, offen für Entdeckungen, Leben als Abenteuer manchmal? Leibhaftige Begegnungen – Spaziergänge? Wandern ist in, höre und erfahre ich. Gewohnheiten und Verhaltensregeln, wie man ist und sein soll, überprüfen und da und dort verändern; dass dies oft einer längeren Zeit und Arbeit bedarf, einkalkulieren.

„Die Seele geht zu Fuß", wie die Araber sagen. Was lange schon bei uns wohnt, will nicht so schnell verschwinden. Loslassen und Abschied nehmen von dem, was als Leben behindernd erkannt ist.

„Es ist eine Tatsache, dass wir jederzeit etwas Neues lernen können, wenn wir nur daran glauben, dass wir es können. Unser Körper und unser Gehirn sind dafür ausgerüstet, vorausgesetzt, wir benutzen sie."[1]

Bekennen wir uns zur Erde und ihren Geheimnissen, zu unseren oft und sogar meist noch unentdeckten Verwandtschaften im Gewebe des Lebens! Wir werden lernen, diese Welt gemeinsam mehr und mehr zu schützen, ihre Wunden zu versorgen, wo

---

[1] Virginia Satir: Mein Weg zu dir. Kontakt finden und Vertrauen gewinnen, München ⁹2008, S. 58.

es uns möglich ist und neue zu verhindern, ihr Entstehen bremsen.

Eine Zukunftsvision? Ja. Und hilfreiche Medizin – vorbeugend und heilsam zugleich.

„Zu allem Großen ist der erste Schritt der Mut", meint Johann Wolfgang von Goethe. Ich ergänze: Eine Portion Neugier dazu schadet auch nicht. Für die schnelle Suche und den neugierigen Blick: Stichwortartig benenne ich im Folgenden bereits aufgeführte, entfaltete Ideen für Schritte auf neuen Pfaden unterwegs im Leben.

Beziehungen erkunden, beleuchten, klären:

- Welche Beziehung habe ich zu Natur, Um- und Mitwelt, Erde? Bin ich zufrieden mit dieser Beziehung?
- Ist mir meine lebenslange, lebensnotwendige Abhängigkeit in dieser Beziehung bewusst, und wie gehe ich damit um? Welche Folgen hat dieses Wissen und soll es in der Zukunft haben?
- Zu den Bindungserfahrungen meines Lebens: Welche Bindungsgeschenke gab es für mich als Kind und im späteren Leben? Gab es glückliche Naturbegegnungen? Welche Bilder, Erfahrungen sind mir geblieben?
- Was weiß ich um die vielfältigen Verluste, Zer-

störungen, Wunden der Erde? Wie ist meine Einstellung dazu und was folgt daraus?

- Was hindert oder blockiert mich sogar, Neues zu wagen, anzupacken, zu erkunden? Soll das so bleiben oder will ich es ändern?
- Ökotrauer – kenne ich die? Wie und wann taucht dieses Gefühl bei mir auf, und wie reagiere und reagierte ich darauf?
- Die offizielle Umweltpolitik der Parteien und unserer gewählten Vertretungen: Wie nehme ich diese wahr? Was löst sie aus bei mir? Wie gehe ich um damit – jetzt und evtl.in Zukunft?

Ideen, Anregungen, Möglichkeiten verändernden Tuns:

- Eindruck braucht Ausdruck – vielfältige Möglichkeiten laden dazu ein: Sprechen, Schreiben, Malen, Tanzen, Singen, Gestalten mit Materialien – die ganze Palette des kreativen Ausdrucks kann hilfreich sein.
- Die Sinne anregen – mit ihnen nehmen wir Welt und Leben wahr: Hören, Sehen, Riechen, Fühlen, Symbolisieren.
- Selbstheilungskräfte im Außen und Innen unterstützen.
- Mit dem Schweinehund verhandeln.
- Trauer und alle Gefühle zulassen, sie sind starke Energien.
- Gemeinschaft mit Gleichgesinnten suchen.
- Geben und Nehmen – wie können sie im Ver-

hältnis zur Erde – wenn auch nie ganz, doch ein wenig ausgeglichener werden, zum Nehmen auch Geben enthalten?

... und noch dies und jenes, das Sie selbst finden, erfinden, ergänzen möchten und werden.

- Unbetretene Pfade betreten: mit Neugier, Mut und Zuversicht Neues wagen, ausprobieren, meine Möglichkeiten und Wirkung damit leibhaftig erfahren, Zukunft mitgestalten – meine eigene und die des Großen und Ganzen um mich herum. Erfolgreich sein, zufrieden mit mir.
- Kleine Schritte reichen!
- Anfangen!

„Und jedem Anfang wohnt ein Zauber inne,
der uns beschützt und der uns hilft zu leben.“

Hermann Hesse, Stufen

Wir sind selbst Natur – tragen in uns das Gesetz allen Lebens von „Werden und Vergehen“, von Abschied und Neubeginn. Natur kann uns Vorbild sein, Gelassenheit und Zuversicht spendend.

„Wir alle brauchen das Hinausgehen und uns einer wilden Landschaft hingeben. Sie erforschen, erfahren und bewundern. Wir sollten dies während aller Jahreszeiten tun, bei allen Wetterlagen, bei Tag und bei Nacht. Wir sollten das Land berühren, die Luft schnuppernd einatmen und lauschen. Wir sollten das sich spiegelnde Mondlicht auf dem Wasser in uns aufnehmen, den Wind in unseren Haaren spüren und die lebenden Wesen entdecken, mit denen wir diese Welt teilen. Wir sollten es wagen, uns mit der wilden Natur unserer eigenen Herkunft rück zu verbinden. Wir sollten das tun, bevor es zu spät ist."[1]

[1] Sicelo Mbatha, Wildnisführer vom Stamme der Zulu in Afrika, O-Ton mit Übersetzung in: Geseko von Lüpke: Mit Gott im Grünen. Zu Fuß unterwegs in der afrikanischen Wildnis, WDR Lebenszeichen, 25.5.2017.

Neue Lebendigkeit finden

Ermutigung zur Spurensuche, denn diese alten Fähigkeiten unserer Vorfahren können wir immer noch und wieder gebrauchen.

Doch heute geht es um andere Spuren, andere Fähigkeiten, lebenserhaltend oder gefährdend auch sie – auch für uns wie damals für unsere Urahnen. Die Spur der Zerstörung von Leben, der Enttäuschung über Missachtung, Ungerechtigkeit und Machtmissbrauch, Verluste von Lebendigkeit werden unsere Wegbegleiter und nicht zu übersehen sein, so wir in Verbindung sind und immer wieder gehen mit dieser schönen, verrückten Welt, die unsere Zuneigung, unsere Liebe verdient. Und verdient sie nicht auch, zumindest dann und wann, dankbar zu sein? Dankbar dieser lebendigen Erde, der einzigen, die wir haben, dem Planeten des Lebens, ohne den wir nicht existieren könnten?

Schritt für Schritt, ruhend in uns selbst und verbunden finden wir Wege der Veränderung, gehen sie gemeinsam. Schritt für Schritt, mit tränengetränkter Stimme ob der Zerstörungen vielleicht, doch nicht allein, nicht sinnlos und nicht vergebens. Schritt für Schritt – das reicht. Jeder Schritt ist wichtig. Es geht nicht darum, Gipfel zu stürmen und die Welt zu erobern. Dadurch ist schon viel Leid geschehen, Es geht darum, sich auf den Weg zu machen ... Es geht um eine neue Lebensqualität!

Wer neugierig ist, neuen Erfahrungen nicht ausweicht, mit Kopf, Herz und der ganzen Person eine neue, intensivere Beziehung zum Lebensplaneten aufnehmen will, wird Wege finden, Erstaunliches erleben, Trauer einordnen lernen – Ökotrauer. Trauer evtl. um so viel versunkenes Wissen, um eigenes Versagen, verpasste Chancen, die Wunden der Erde. Und sie/er wird nicht so schnell aufgeben aus Respekt und Liebe zu diesem Planeten Erde, der uns trägt, nährt, mit Schönheit erfreut, uns leben lässt.

Abschied nehmen vom Geist des „Mehr", des darüber Stehens. Sich einreihen in die große Gemeinschaft des Lebens!

„Du lebst so lange nur, als du entdeckst.
Doch sei getrost: Unendlich ist der Text,
und seine Melodie gesetzt aus – Sternen."
Christian Morgenstern

Rückblick – Ausblick

Angekommen? Ja! Die Bärenraupe ist angekommen. Auf Stummelfüßen angekommen – ohne Hast, ohne Furcht, ohne Taktik. Angekommen auf der anderen Seite der Straße, an ihrem grünen Ziel.

Die Menschenraupe ist auch angekommen.

Ich bin auch angekommen.

Viel gelesen, viel geschrieben – gestartet auf der Suche nach Spuren von Ökotrauer bin ich angekommen nach einer langen Reise durch das Land der Gedanken, der Gefühle, des Tuns. Und ich habe Beziehung, Bindung zur Erde, habe eine Medizin gefunden und unzweifelhaft erkannt, worum es geht, wirklich geht: um Liebe.

Ihr folgt bei Verlust die Trauer auf dem Fuß.

Es geht auch um Respekt und das Übernehmen von Verantwortung für diese Erde und das Leben, das sie hervorbringt – und auf deren Missachtung, Zerstörung, Ausrottung die Trauer folgt. Ökotrauer!

Trauer um die Wunden der Erde. Sie sind auch unsere Wunden, denn wir sind ein Teil dieser Erde – auch, wenn uns dies nicht immer bewusst ist.

Es geht somit darum, die Erde wieder zu achten, mehr und mehr zu kennen – damit vielleicht fürchten und doch auch lieben zu lernen, in Beziehung gehen, eine Bindung aufbauen.

Es geht darum, unsere Sinne zu öffnen und nicht nur das Brüllen, auch das Flüstern zu hören, womit sie um unsere Liebe wirbt.

Eine Beziehung auf Augenhöhe, auf Gegenseitigkeit – keine Machtbeziehung! Wir sind nicht die Herren der Welt, wie ein altes Seefahrerlied dies verkündet und manche das vielleicht glauben wollen und anstreben. Wir sind sterblich. Die Erde wird uns überleben, jedenfalls noch eine Weile.

Der Mensch und die Erde – eine uralte Beziehung, deren Essenz noch in uns steckt. Eine Geschichte der Liebe statt Macht, von Unterstützung statt Ausbeutung, von Nehmen und Geben.

Eine Geschichte von Freundschaft, Ehre und Treue – so lange es geht. Bis wir sie eines Tages verlassen müssen, diese Erde – den Planeten des Lebens.

Die Menschenraupe

Keine Chance. So viel schon geschrieben.
90.000 neue Bücher pro Jahr.
Titel wie Sand am Meer. Buchstaben zahllos.

Die Menschenraupe weiß das alles.
Weiß von Statistiken, von Bücherfluten.
Weiß von Leseflaute, Zeitnot, von Computern und
TV.

Und weiß auch um den Wunsch,
die alte Sehnsucht ihres Herzens:
Das Buch schreiben, ihr Thema in die Welt bringen.
Der Wunsch geht nicht weg. Sie müsste es tun.

Keine Chance. Sinnlos. Angst.
90.000 Bücher pro Jahr.
Doch der Wunsch geht nicht weg. Sie fängt an.

Die Menschenraupe schreibt. Zitternd. Aufgeregt.
Ergeben.
Wörter stehen auf, stolpern, drängeln.
Sie schreibt.

Schreibt Seite um Seite. Lange Zeit.
Schreibt 90.001 entgegen.

Und da –
ein Schmetterling!

Literatur

Andere Zeiten (Hg.): Oh! Noch mehr Geschichten für andere Zeiten, Hamburg ²2010.

Canacakis, Jorgos: Ich begleite dich durch deine Trauer, Freiburg im Breisgau/Stuttgart ⁵1993.

Frankl, Viktor E.: Das Leiden am sinnlosen Leben. Psychotherapie für heute, Freiburg im Breisgau/Wien ¹⁵1977.

Gösken, Eva: Die Hüterin der Verwandlungen. Über das Schöpferische in der Trauer, Oberhausen 2003.

Grober, Ulrich: Die Entdeckung der Nachhaltigkeit. Kulturgeschichte eines Begriffs, München 2013.

Helm, Amei: Der Erde eine Stimme geben, eine alte Beziehung wagen, Braunschweig 2006.

Klein, Naomi: Die Entscheidung. Kapitalismus vs. Klima, Frankfurt am Main 2016 (This Changes Everything. Capitalism vs. Climate, New York 2014).

Körner, Heinz: Ein Märchen, in: Die Farben der Wirklichkeit. Ein Märchenbuch, Fellbach ²1983.

Kopp-Breinlinger, Karina/Rechenberg-Winter, Petra: In der Mitte der Nacht beginnt ein neuer Tag. Mit Verlust und Trauer leben, München 2013.

Lüpke, Geseko von: Mit Gott im Grünen. Zu Fuß unterwegs in der afrikanischen Wildnis, WDR Lebenszeichen, 25.5.2017.

Maathai, Wangari: Die Wunden der Schöpfung heilen. Wie wir zu uns selbst finden, wenn wir unsere Erde erneuern, Freiburg im Breisgau 2012.

Pachnicke, Peter (Hg.): Wunder der Natur. Katalog zur gleichnamigen Ausstellung im Gasometer Oberhausen, Essen 2016.

Papst Franziskus: Laudato si. Die Umwelt-Enzyklika des Papstes, Freiburg im Breisgau 2015.

Paul, Chris: Keine Angst vor fremden Tränen! Trauernden Freunden und Angehörigen begegnen, Gütersloh/München 2013.

Paul, Chris: Wir leben mit deiner Trauer. Für Angehörige und Freunde, Gütersloh/München 2017.

Pfaff, Konrad: Trauer Anklage Zorn, Aachen 2014.

Rabhi, Pierre/van Stappen, Anne: Das kleine Übungsheft. Für eine bessere Welt, Berlin/München 2013.

Recheis, Käthe/Bydlinski, Georg (Hg.): Weißt du, dass die Bäume reden. Weisheit der Indianer, Wien 1986.

Reddemann, Luise: Überlebenskunst. Hilfe aus eigener Kraft, Stuttgart 2006.

Saint-Exupéry, Antoine de: Der Kleine Prinz, Düsseldorf [65]2008.

Satir, Virginia: Mein Weg zu dir. Kontakt finden und Vertrauen gewinnen, München [9]2008.

Seed, John/Macy, Joanna/Fleming, Pat/Naess, Arne: Denken wie ein Berg. Tiefe Ökologie: Die Konferenz des Lebens. Ausgabe zu internen Schulungszwecken der Gesellschaft für angewandte Tiefenökologie 1988 (Thinking like a Mountain. Towards a Council of All Beings, Philadelphia 1988).

Shell Deutschland (Hg.): Jugend 2015. 17. Shell Jugendstudie, Frankfurt am Main 2015.

Vaughan-Lee, Lldwellyn (Hg.): Spirituelle Ökologie. Der Ruf der Erde, Saarbrücken 2015.

Verhaag, Bertram: Der Bauer und sein Prinz, DVD, München 2015.

Volkan, Vamik D./Zintl, Elizabeth: Wege der Trauer, Leben mit Tod und Verlust. Gießen 2000.

Wiemer, Rudolf Otto: Chance der Bärenraupe. Ausgewählte Gedichte, Freiburg im Breisgau 1990.

Wohlleben, Peter: Das geheime Leben der Bäume. Was sie fühlen, wie sie kommunizieren – die Entdeckung einer vergessenen Welt, München 2015.

Periodisch wiederkehrende Publikationen

DER SPIEGEL: SPIEGEL-Verlag, Ericusspitze 1, 20457 Hamburg

Greenpeace-Nachrichten, hg. v. Greenpeace e.V., Verlag Greenpeace Media GmbH, Große Elbstraße 145d, 22767 Hamburg

Hellweger Anzeiger. Zeitungsverlag Rubens GmbH & Co KG. Rudolf-Diesel-Str. 1, 59425 Unna

Oberbergische Volkszeitung. Unabhängige Zeitung für den Oberbergischen Kreis: Kaiserstr. 1, 51643 Gummersbach

Süddeutsche Zeitung GmbH, Hultschiner Straße 8, 81677 München

Website-Empfehlungen

ecosia.de – ökologische Internet-Suchmaschine

futurzwei.org – Stiftung Zukunftsfähigkeit. Visionen von besseren, gerechteren, enkeltauglichen Zukunftslebensstilen

utopia.de – Nachhaltige Entwicklung für Wirtschaft und Gesellschaft, Konsumberatung

Abbildungen

S. 10, 47, 77, 90, 109: © Marlies Linde-Benkel

S. 66: © Gerda Illguth

S. 78: © Frederik Häussermann

Der Abdruck erfolgt mit freundlicher Genehmigung der FotografInnen.

Alle anderen Fotos stammen von Irmgard Häussermann.

Lebendige Wege durch die Trauer

Irmgard Häussermann ist Heilpraktikerin für Psychotherapie und Trauerbegleiterin in eigener Praxis in Unna. In der Kinder- und Jugendpsychiatrie arbeitet sie zudem sozialtherapeutisch-pädagogisch. Ihre Ausbildung absolvierte sie u.a. bei Dr. Jorgos Canacakis, von dem sie die Arbeit mit dem Lebens- und Trauerumwandlungsmodell übernahm.

Irmgard Häussermann bietet
- Einzelbegleitung
- Seminare zu Trauer, Sterben, Tod, Sterbebegleitung (auch als Inhouse-Seminare)
- Biografiearbeit
- Informationsveranstaltungen
- Planung und Durchführung von Ritualen
- Jahreskreisfeste
- Fortbildung für Institutionen und unterschiedliche Zielgruppen zu den Themen Trauer, Sterbebegleitung, Abschied – auch als außerschulische Lernangebote.

Kontakt und Information:
www.trauerwege-lebenswege.de
i.haeussermann@t-online.de